5 今城塚古墳出土家形埴輪（6世紀，高槻市教育委員会所蔵）

6 飛鳥宮跡Ⅲ期遺構の内郭北区画，南の正殿（7世紀，奈良県立橿原考古学研究所提供）

7 沖ノ島第5号祭祀遺跡模型
（国立歴史民俗博物館所蔵）

山邊諸公罵紙合嫌拾陸張

目婦経用三張　檀波羅蜜経用五張　雑六帙随顕経用十二張

阿合経用三張　此丘経用二張　虚空蔵聞持験福経用六張

行七経用一張　相應経用二張　有衆生経用三張

目録外雑五帙申日経用九張

天平廿年五月廿

8 天平二十年五月二十日
山辺諸公手実（国立歴史
民俗博物館所蔵）

ここが変わる！日本の考古学

先史・古代史研究の最前線

藤尾慎一郎・松木武彦【編】

吉川弘文館

はじめに

　読者の皆さんにとって「先史」とは聞き慣れない言葉であろう。逆に「原始」という言葉は，「はじめ人間ギャートルズ」というテレビアニメにも出てくる世間的には一般的な用語である。国立歴史民俗博物館（以下，歴博）でも，総合展示第1室のテーマ名は1983（昭和58）年の開館以来，「原始・古代」であった。また、今でも「原始」を使っている教科書もある。

　本来「原始」とは，文明社会に対する，野蛮・未開な状態という意味で使われた用語であり，人類の歴史を発展段階論でとらえたときの用語である。

　しかしかつて「原始」と呼ばれていた時代にも相応の社会や文化の発展過程があることが強く認識されるようになった。また，ホモ・サピエンスより前に出現した人類にも，さまざまな変化や変異のダイナミクスがあることがわかり，あたかも一元的な出発点のごときひびきのある「原始」という用語は，近年の人類学・考古学の世界ではほぼ使われなくなっている。

　そこで2019年3月のリニューアルオープンを目指している歴博の総合展示第1室の担当者の間でも，リニューアルを機会に「原始」ではなく，「先史」という用語を使えないか，議論を重ねてきた。

　もちろん「先史」は「歴史」に対する用語で，文献資料が登場する以前の人間の歴史を指すので，文字や文献のない時代は歴史ではないとの意味があることから，ベストな選択でないことはいうまでもない。

　しかし歴博では，AMS-炭素14年代に依拠した高精度な較正暦年代に基づく新しい旧石器・縄文・弥生・古墳時代観を構築して展示することを目指しているため，文献はないが暦年代をもつ時代という意味で先史を用い，「先史・古代」と呼ぶこととした。

　というわけで本書は，日本の先史・古代を扱っている。年代で表すと，今から約3万7000年前の旧石器時代から紀元後10世紀までの平安時代半ばまでを対象としている。

本書は，日本の先史・古代史像が，この30年でどのように変わってきたのか，その研究成果を一般読者にわかりやすく解説することに努めた。まずこの30年間にわかった成果を旧石器，縄文，弥生，古墳，古代といった時代ごとに述べたあとで，時代を問わずに考古学全体に関わるテーマを記した構成をとる。

　時代ごとのところでは，特に時代のイメージを大きく変えるきっかけとなった遺跡や遺物を選んで，それに即して記述している。縄文時代のイメージを大きく変えた青森県三内丸山遺跡や最終氷期までさかのぼる最古の土器を出土した青森県大平山元Ⅰ遺跡といった具合である。そうした考古資料から研究者はどのようにして新しい時代のイメージを描いていくのか，その過程もふまえて提示することを心がけた。

　考古学全体に関わるテーマとしては，先史・古代史像を変えてきたいろいろな自然科学的な分析手法や，その結果，数値年代による記述が始まった弥生時代の研究，水田稲作を採用せずに，本州・四国・九州とは別の歴史を歩んだ北海道の続縄文文化，そして日本の先史・古代文化にもっとも大きな影響を与えた朝鮮半島との交流にも焦点をあてている。

　本書に書かれた内容には，必ずしも現在の小・中学校で使われている教科書には載っていないことや異なる意見がいくつかある。教科書には学界の多くの研究者が同意していることしか載らないので，未来の教科書に載ることになるものもあれば，結果的に載らないものもある。しかし特に後者については決して間違いということではなく，私たち歴博の研究者がまさしく今，考えている考古学的・古代的な見解なのである。そういう観点からお読みいただければ幸いである。

　ちなみに時代ごとの記述は，2019年3月リニューアルオープン予定の大テーマとほぼあわせているので，本書を片手に第1室「先史・古代」の展示をぜひご覧いただきたい。

　　　2018年10月

藤　尾　慎　一　郎
松　木　武　彦

目　次

はじめに

I　旧石器時代

1. 最終氷期の環境変動　2
2. 日本列島最古の人々　9
3. 後期旧石器時代の人々の生活　15

コラム①　日本列島の人類はどこから来たのか？　20

コラム②　3万年前の種子島の暮らし　24

II　縄文時代

1. 土器の出現はいつか　28
2. 縄文時代・文化のはじまりとひろがり　33
3. 本格的な定住生活の開始　37
4. 縄文文化の東西南北　41
5. クリと縄文時代の人々　45
6. 縄文人の一生　49
7. 再生を願うまつり・祖霊のまつり　53

コラム①　縄文人ってどんな人？　58

コラム②　縄文人とイヌ　60

III 弥生時代

1 弥生時代のはじまりを探る　64
2 相続と格差の発生　69
3 日本最古のイエネコ　73
4 平和な農村から戦う弥生人へ　77
5 日本史・世界史のなかの弥生時代　82
コラム① 続縄文文化　86
コラム② 貝塚後期文化の貝交易　89

IV 弥生時代から古墳時代へ

1 青銅器と鉄器のかがやき　94
2 墳墓と王の姿　98
3 中国王朝と弥生列島　102
4 考古学からみた邪馬台国の時代　105

V 古墳時代

1 弥生時代と古墳時代は何が違うのか　110
2 「騎馬民族説」はどうなったのか　115
3 日本列島の古墳はなぜ巨大なのか　120
4 製鉄のはじまり　125

Ⅵ 古　　代

1　考古学からみる古代国家の誕生　　130
2　古代の国家形成と飛鳥宮　　132
3　多賀城と大宰府　　138
4　沖 ノ 島　　144
5　正倉院文書　　149
6　出土文字資料　　154
7　延　喜　式　　158
8　考古学からみた古代と中世の違い　　161

Ⅶ 21 世紀の日本考古学

1　年代測定の進展と年代研究　　166
2　鉛同位体比分析からわかること　　170
3　歴史になった弥生時代　　176
4　考古学からみた日朝関係史　　183

編者・執筆者紹介

I　旧石器時代

1 最終氷期の環境変動

10万年周期の気候変動

　現在は地質学的には第四紀と呼ばれる時代であり，約260万年前から現在まで続いている。第四紀は「氷河時代」であり「人類の時代」でもある。寒冷化の進行と，氷期―間氷期変動といわれる激しい気候変動によって第四紀は特徴づけられる。

　深海底コアの有孔虫(ゆうこうちゅう)の酸素同位体変動から復元された地球の過去80万年間の気候変動をみると，地球の気候には大きく異なる2つの時期があることがわかる（図1）。1つは「氷期」といわれる寒冷な時期，もう1つは「間氷期(かんぴょうき)」といわれる温暖な時期である。地球の気候はおおよそ10万年の周期で寒冷な「氷期」と温暖な「間氷期」との間で変化している。約1万年間の短い「間氷期」の後，約9万年かけて徐々に寒冷化し，その後再び急激に温暖化して1万

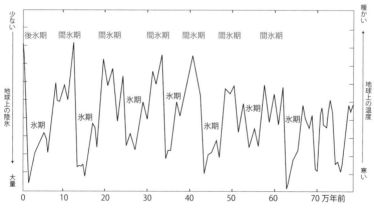

図1　海底堆積物中の有孔虫の酸素同位体変動から復元された過去80万年間の氷期・氷床の量の変動

年ほど暖かい時期が続く,という周期的な変化である。このような周期的変化は,地球の公転軌道や地軸の傾きなどの偏差などの外的要因によるもので,ミランコヴィッチ・サイクルと呼ばれている。

約7万年前から約1万1000年前までは寒冷な気候が卓越する「最終氷期」にあたり,この時期には寒冷化が進行しグリーンランド,北米大陸,北ヨーロッパ,南極などに巨大な氷床が形成された。これによって海水準が大きく低下して陸地が広がった。北海道は大陸と陸続きになり（古サハリン—北海道半島）,本州・四国・九州は1つの島になった（古本州島）。北海道と本州は陸としてはつながっていなかったが,最終氷期最寒冷期には一時的に氷の橋ができる時期があったようだ。

その後,約1万5000年前から気候は急激に温暖化し,約1万1000年前には現在と類似した温暖な気候の時期である「後氷期」へと変化していった。この氷期から後氷期への移行期には,世界中で気候や植生,動物相,人の活動が大きく変化した。我々が暮らしている現在は,一番新しい「間氷期」なのである。現在は温暖な時期がすでに1万年以上続いており,これまでの地球の歴史をみると,そろそろこの温暖期も終わり徐々に再び氷期へと突入していってもよさそうだ。

最終氷期に生きた人々

さて,日本列島の後期旧石器時代は地質学的には後期更新世,最終氷期にあたる。つまり,日本列島の旧石器時代人は,現在とは全く異なる環境の時代に住んでいた人々ということになる（図2）。とすれば,遺跡出土資料から旧石器時代人の生活を考える上で,当時の気候や植生,動物相などを十分に理解しておくことは必要不可欠である。

1990年代からグリーンランドや南極の氷床コアによる高精度・高分解能な古気候研究が著しく進展し,最終氷期の気候の様子が詳細にとらえられるようになった。最終氷期は現在と比較して寒いだけではなく,その間にもかなり大きな気候変動があることがわかってきたのである。数百年から数千年単位で寒暖が変動するダンスガード・オッシュガーサイクルである。こうした短期的な気候変動は人類活動に多大な影響を与えたことだろう。一方で,加速器質量分

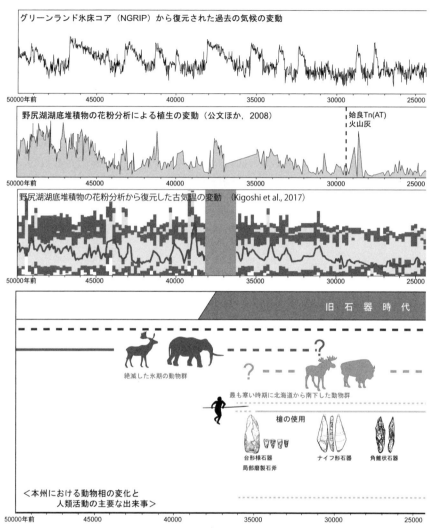

図2 過去5万年間の環境変動と人類活動

析法(AMS法)による放射性炭素年代測定の高精度化が進み,また放射性炭素年代を暦の年代に変換するための較正曲線の整備が進み,2009年には日本後期旧石器時代のすべての範囲で,遺跡の正確な暦年代を知ることができるようになった。これにより,後期旧石器時代の人類活動の変化と,ダンスガー

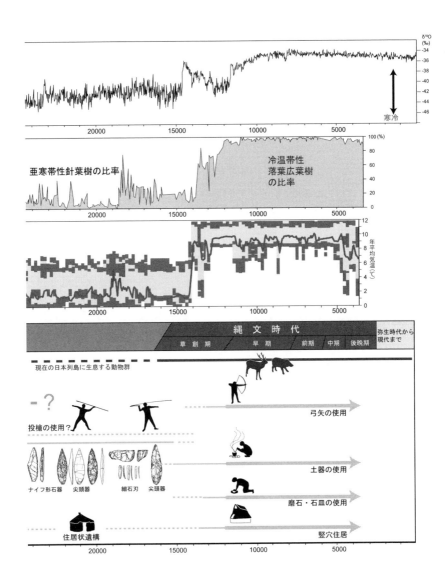

　ド・オッシュガーサイクルのような短期的な環境変動と遺跡群の年代との時間的関係を把握することも可能となったのである。

　1990年代までは「最終氷期＝旧石器時代」,「後氷期＝縄文時代」と考えられてきた。高精度放射性炭素年代測定と暦年較正曲線の整備は，日本列島の後

期旧石器時代（約3万7000〜1万6000年前）と縄文時代草創期（約1万6000〜1万1000年前）は，最終氷期に含まれることを明らかにしたのである。そこで，環境史と生活史を重視する歴博のリニューアル展示では，「大テーマ1　最終氷期に生きた人々」として，旧石器時代と縄文時代草創期までを1つのテーマとして扱うことにしたのである。このような展示は日本で初めての試みである。

　また，グリーンランド氷床コアの研究により，最終氷期末の「晩氷期」と呼ばれる時期には，1万5000年前ごろにわずか数十年で年平均気温が9℃上昇するようなきわめて規模の大きな環境変動があったことがわかってきた。同様の規模の変動は1万1700年前ごろにも起こり，気候は温暖かつ安定した後氷期へと突入する。1万5000年前や1万1700年前ごろに，日本列島においても同様の気候変動が発生していたことは，長野県野尻湖や福井県水月湖などの花粉分析結果にも示されている。「最終氷期に生きた人々」は，激変する環境の時代をたくましく生き抜いてきたのだ。

最終氷期の動植物

　さて，最終氷期の環境はどの程度わかってきているのだろうか。日本列島の酸性土壌では後期旧石器時代の石器と動植物遺体の両者が出土する遺跡はきわめて少ないため，当時の動植物については遺跡以外の場所から得られる情報から推定しなくてはならない点は，30年前とそうそう変わるわけではない。

　茨城県のつくば市と土浦市を流れ，霞ヶ浦にそそぐ小さな河川である花室川では，ナウマンゾウ，バイソンなど，最終氷期の動物化石がこれまでも多数発見され，2010年には堆積物の花粉分析や木材化石の分析が行われた。日本列島に人類が到達する直前の約4万年前ごろは，カバノキやチョウセンゴヨウ、ナラ類などからなる針広混交林が広がり，ナウマンゾウやオオツノジカなどの動物の楽園となっていたようだ。後期旧石器時代の約3万5000年前ごろから1万7000年前ごろにかけてはトウヒの仲間やチョウセンゴヨウなどからなる亜寒帯性針葉樹林へと移行したことがわかっている。

　図3は約4万年前の花室川の様子を復元したイラストである。ただし，こうした大型動物が約3万7000年前に日本列島で暮らしはじめた人々の狩猟対象

図3 茨城県花室川の約4万年前の復元イラスト(石井礼子画,国立歴史民俗博物館所蔵)

となっていたのか,なっていたとしてどの程度意味をもっていたのかは不明である。

図4は戦前に栃木県葛生で発見されたオオカミ化石の頭蓋骨である。明治時代まで日本で生き残っていたニホンオオカミの頭蓋骨と比較して1.2〜1.3倍の大きさがある。最新の年代測定の研究の結果,今から約3万8000年前ごろのオオカ

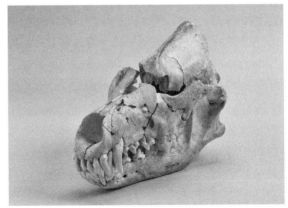

図4 栃木県葛生産の約3万8000年前のオオカミ化石(国立歴史民俗博物館所蔵)

ミであることがわかった。後期旧石器時代人のすぐ近くには，このような巨大オオカミも闊歩していたのである。

参考文献

工藤雄一郎 2012『旧石器・縄文時代の環境文化史―高精度放射性炭素年代測定と考古学―』新泉社

工藤雄一郎 2016「更新世のニホンオオカミ化石―直良信夫コレクション―(歴史の証人)」『歴博』195

中川毅 2016『人類と気候の10万年史―過去に何が起きたのか，これから何が起こるのか―』講談社

吉田明弘・鈴木三男・金憲奭・大井信三・中島礼・工藤雄一郎・安藤寿男・西本豊弘 2011「茨城県花室川堆積物の花粉・木材化石からみた最終氷期の環境変遷と絶滅種ヒメハリゲヤキの古生態」『植生史研究』20

(工藤雄一郎)

2 日本列島最古の人々

人類の進化とホモ・サピエンスの拡散

　人類の歴史は600万年前までさかのぼる（図1）。中国大陸や朝鮮半島にはホモ・エレクトスなどのホモ・サピエンス以前の人類が到達していたが，これらの人類が列島に到達した形跡は発見されていない。後期旧石器時代をさかのぼる可能性が議論されている遺跡はいくつかあるが，石器群を認定するための4つの基準，すなわち，①石器に残された明確な加工痕，②偽石器が含まれる可能性のない安定した遺跡立地，③層位的な出土，④石器の複数出土，の全てに適合する遺跡は認められていない。上記の4つの基準を満たす確実な人類活動の証拠は，日本列島では約3万7000年前ごろから出現する。

　約20万年前にアフリカで誕生したホモ・サピエンスは約6万年前にはアフリカから西アジアへ向かい，5万年前ごろには東南アジアからオーストラリアに到達し，約4万年前ごろには東アジアへと拡散した（図2）。日本列島では約3万7000年前以降遺跡が急増すること，遺跡に遺された証拠に「現代人的行動」がみられることから，この出来事は現代人すなわちホモ・サピエンスの東アジアへの拡散のプロセスの一部とみることができる。

後期旧石器時代のはじまり

　ホモ・サピエンスの列島への拡散とともに，考古学的には日本列島の後期旧石器時代が始まる。後期旧石器時代初頭の遺跡の放射性炭素年代測定例をみると，最も古く見積もっても3万8000年前よりも新しいことはほぼ確実であり，約3万6000年前以降に遺跡数が増えている（図3）。石器群の時期が層序によって時期が細かく区分できる箱根・愛鷹山麓の遺跡群の例では，静岡県富士石遺跡第1文化層は最古段階の石器群の1つであり，BB Ⅶ～BB Ⅵ層に

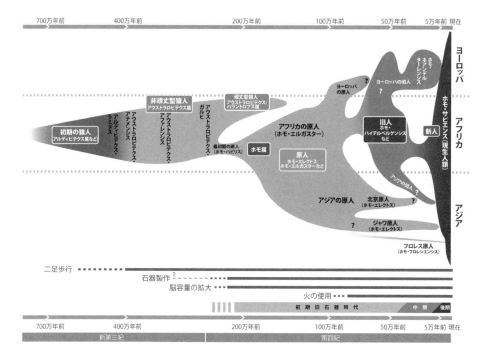

図1　人類の進化段階と分布域の模式図

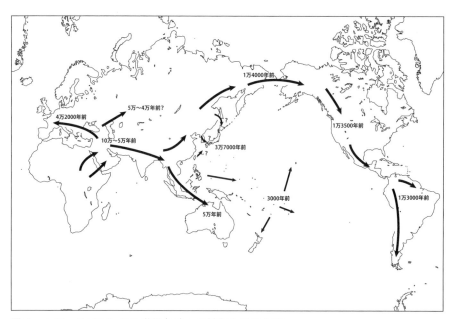

図2　ホモ・サピエンスの世界各地への拡散とその年代

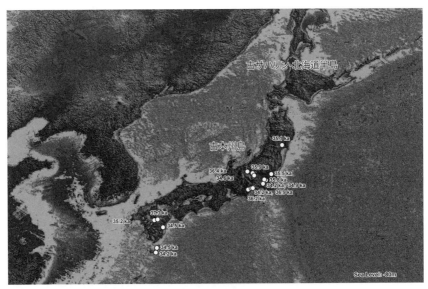

図3 約3万4000年前をさかのぼる年代が得られている遺跡(図中のkaは1000年を意味する。例:34.2 kaは約3万4200年前)

かけて石器集中と石器接合資料が出土しており、この場所で人類が石器製作を行っていたことが明確である(図4)。この石器群は約3万7000〜3万6000年前の年代が得られている。

また、これらの後期旧石器時代の最古段階の石器群が遅くとも約

図4 富士石遺跡第1文化層の石器接合資料(3万7000〜3万6000年前ごろ,静岡県埋蔵文化財センター所蔵)

3万6000年前ごろまでには古本州島に広く分布することから、日本列島へのホモ・サピエンスの移動ルートは不明ながら、古本州島に到達した現生人類は、時間をかけずに古本州島内に拡散したと考えることができるだろう。ただ

2 日本列島最古の人々　11

し北海道ではホモ・サピエンスの出現は遅れるようだ。なお，この時期には朝鮮半島と古本州島は陸橋でつながってはいない。したがって，列島最古の人々は海を渡って日本列島に到達したことは確実である。

ところで，前述した「現代人的行動」とは，ホモ・サピエンス以外の人類遺跡からは観察できないが，ホモ・サピエンスにおいては普遍的にみられる行動を指す。日本列島の後期旧石器時代の遺跡でみられる現代人的行動には，神津島産黒曜石の利用にみられる長距離の航海（資源開発の計画性），遠隔地の石器石材の流通（交換ネットワーク），配列された落とし穴群にみられる計画的狩猟活動，磨製石器の使用などにみられる新しい道具の開発，装身具や象徴的遺物（シンボル）の使用などにみられる抽象的思考などがある。

列島最古段階の人々が残したもの

後期旧石器時代初頭の石器群は，世界最古の磨製石器ともいわれる局部磨製の石斧や，狩猟具の槍先などに使用されたと思われる台形様石器，ナイフ形石

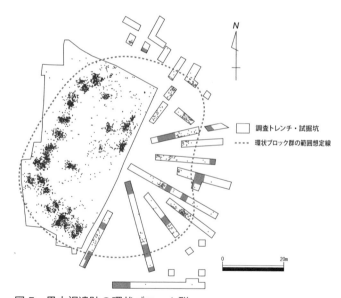

図5 墨古沢遺跡の環状ブロック群
南北約70m，東西約60mで日本でも最大規模である。（酒々井町教育委員会提供）

器を有する石器群によって特徴づけられる。また，複数の石器集中がサークル状に分布する「環状ブロック群」を形成する例も多くみられる。この環状ブロック群は，当時の狩猟採集民が集まった環状のキャンプの痕跡と考えられており，その分布は千葉県に最も多い。千葉県酒々井町墨古沢遺跡では，南北70 m もの範囲に石器集中がサークル状に分布していた（図5）。狩猟採集の生活をする集団が，何らかの目的で季節的に集合した，大型のキャンプだったのかもしれない。ここではさまざまな情報交換や物資，石器やその石材などの交換が行われたことだろう。

また，後期旧石器時代初頭を特徴づけるものとして，落とし穴状土坑群がある。箱根・愛鷹山麓や三浦半島，種子島などでは，直径1 m，深さ

図6　船久保遺跡の土坑群の配列

図7　落とし穴の使用イメージ（石井礼子画，国立歴史民俗博物館所蔵）

1.5 m ほどの土坑が列状になって検出された遺跡が複数発見されており，これらは落とし穴猟に関係する遺構群であると考えられている。2015 年から発掘調査が行われている神奈川県横須賀市船久保遺跡では，底部が円形の落とし穴と四角形の落とし穴が数十基発見された（図6）。現在も調査が継続しており，新たな落とし穴が次々と見つかっている。これまで箱根・愛鷹山麓で発見された土坑群は丘陵上を横切るように配列された例が多かったが，船久保遺跡の土坑群は谷に沿って地形の変換点に列状に配列されていた。地形的にみて，谷地形を生かしてシカなどを追い込み，動物が谷を駆け上がったところを狙ったのだろうか。後期旧石器時代前半期の狩猟行動を探る上で重要な発見である。

参考文献

海部陽介 2005『人類がたどってきた道―"文化の多様化"の起源を探る―』NHK ブックス

静岡県埋蔵文化財調査研究所 2010『富士石遺跡　旧石器時代（AT 下位編）』静岡県埋蔵文化財調査研究所

玉川文化財研究所 2018『船久保遺跡第 4 次調査』玉川文化財研究所

千葉県文化財センター 2005『酒々井町墨古沢南Ⅰ遺跡　旧石器時代編』千葉県文化財センター

バーナード・ウッド（馬場悠男訳）2014『人類の進化―拡散と絶滅の歴史を探る―』丸善出版

（工藤雄一郎）

3 後期旧石器時代の人々の生活

移動生活と住居

　後期旧石器時代の狩猟採集民は動物を狩り，魚を捕り，木の実や山菜，果実などのさまざまな野生の食料を採集して生活していたことだろう。季節的に移動する動物や植物の採集に頼る生活を送る人々にとって，一定の場所に定住せず，季節的にキャンプ地を変える遊動的な生活をすることは合理的だったのである。ただし，酸性土壌である日本列島においては，遺跡において動植物の資料はほぼすべて分解されてしまい，それらの利用の証拠はほとんど残っていない。いくつかのごく限られた事例をみてみよう。

　縄文時代と異なり，日本列島の後期旧石器時代の遺跡からは竪穴住居が見つかっていない。神奈川県田名向原遺跡では約2万1000年前の直径8mほどの大型の住居状遺構が発見されたが，大型のテントと推定される（図1）。神奈川県小保戸遺跡では石器集中と礫が直径3m程度で円形に分布する遺構が発見され（図2），小型のテント状の構築物があった可能性もあるが，はっきりしない。いずれにしろ，こうした住居に関係する遺構はきわめて稀である。後期旧石器時代の人々は移動性が高い遊動生活を中心としており，住居も比較的簡易なものが多かったと考えられ，明確な「遺構」としては残ることはきわめて少ないためであろう。

　旧石器時代人の移動の証拠は，使用された石器石材の産地同定から推定することができ，特に黒曜石の分析から多くの事実が判明している。関東・中部地方の主要な黒曜石産地は，中部高地（和田峠や霧ヶ峰等），伊豆，箱根，高原山，神津島などがある。このうち，神津島は最終氷期最寒冷期においても遠く離れた海上にあったが，後期旧石器時代初頭と細石刃文化期に，神津島産の黒曜石が関東平野の遺跡で出土している。これらの時期には，旧石器時代人は神

図1　田名向原遺跡の住居状遺構（相模原市立博物館所蔵）

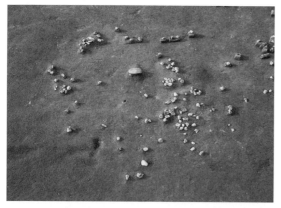

図2　小保戸遺跡の礫の集中（神奈川県教育委員会所蔵）

津島産黒曜石を入手するために航海をしていたことになる。また，神津島産黒曜石が使用された細石刃・細石刃核は長野県野辺山高原の矢出川遺跡でも確認されており，人の移動および石材の交換などによって，良質の石器石材は200 km以上離れた遠隔地まで運ばれることがあったのだろう。

毛皮の衣服と食料

　最終氷期の寒冷環境を生き抜くにあたって必要不可欠なものは防寒具である。「搔器」は皮なめしに使用されたと推定される石器であり，石器の使用痕分析によっても裏付けられている。搔器は日本列島の後期旧石器時代の遺跡で普遍的に出土するが，最終氷期最寒冷期などの寒冷化が特に進行した時期に多く出土していることや，東北日本から北海道に出土が多いことなどを考えると，より寒冷な地域ほど皮革加工が重要であったことが推察される。また，興味深い例として，北海道の柏台1遺跡は搔器とともに赤色・黒色顔料と台石が出土している。皮なめし作業とともに，粉末状にした顔料を毛皮に磨り込んで着色するような作業が行われていた可能性がある（図3）。

　動物資源についても，どのような動物をどの程度利用していたのかはほとん

どわかっていないが，遺跡から出土する石器はナイフ形石器や尖頭器などの槍先（狩猟具）となる石器や，動物の解体・加工具と考えられる削器，掻器などがほとんどであることから，動物性食料へのウェイトはかなり高かったと推定される。岩手県花泉遺跡では，バイソンの骨製尖頭器が出土している。ただしナウマンゾウやオオツノジカ，バイソンなどの大型動物が日々の狩猟対象となっていたかどうかは不明である。例えば青森県の尻労安部洞窟は石器と動物骨が出土した貴重な遺跡であるが，動物骨の年代は3万9000～2万年前まで幅があるものの，ここではノウサギが圧倒的に多く，ヘラジ

図3　皮革加工（上）と顔料の使用のイメージ（下，ともに石井礼子画，国立歴史民俗博物館所蔵）

カやヒグマは稀であった。石器としては証拠が残らない罠猟などが盛んに行われ，ウサギのような小動物が積極的に狩猟されていたことが明らかになってきている。最近の発掘調査で，沖縄県のサキタリ洞遺跡では旧石器時代人の食料の中心がモクズガニであったこともわかった。これまでの旧石器時代の大型獣狩猟の一般的イメージを見直す必要があるだろう。

　一方，植物質の資源利用はどうだろうか。植物資源は食料，そして道具の素材として重要であるが，遺跡出土資料にはその証拠がほとんど残されていない。約1万7000年前の細石刃文化期の遺跡である新潟県荒屋遺跡では，土坑から炭化したオニグルミ核やミズキ核が発見され，数少ない実証的遺物であ

図4　静岡県梅ノ木沢遺跡の礫群（静岡県埋蔵文化財センター提供）

図5　神奈川県吉岡遺跡群C区の礫群（神奈川県教育委員会所蔵）

る。当時の植生から推定される植物性食料にはチョウセンゴヨウ，ハシバミなどのナッツ類，ウバユリやヤマノイモ，ユリ属などの鱗茎類，サクラ属やキイチゴ属などのさまざまな液果類がある。このうち，ユリ属の鱗茎類は貴重なデンプン質食料であるが，デンプン質を効率よく栄養素として摂取するには，加熱処理が必要不可欠である。

旧石器時代の石蒸し調理施設

　後期旧石器時代を代表する遺構に礫群がある（図4・5）。日本全国の遺跡でみられ出土点数も多い。例えば千葉県内の遺跡だけでこれまで200基近い礫群が発見されている。礫群は，拳大の礫が10〜数十点集積したもので，礫には焼けた痕跡があり炭化材片が散らばっている例が多く見られる。したがって礫群は「調理用の装置」，特に「石蒸し調理」の施設と理解されている。

　礫群とともに実際に動植物遺体が検出された例はほとんどない。神奈川県吉岡遺跡群C区の礫群（約2万8000年前，図5）では，イノシシの乳歯が1点検出されているのみで，その実態には不明な点が多い。オセアニアや北米などの民族例からみると石蒸し調理施設は，肉類，魚類，イモ類，野菜類などのさま

ざまな食料の調理にも有効であったことがわかっており，旧石器時代の礫群も同様の調理が可能であったと推測できるが，これらの食物の中でも特にデンプン質食料の利用に最も効果を発揮したことだろう。

　ところで，コナラやミズナラなど落葉性のナラ類は植生的にみて旧石器時代にも間違いなく分布しており，利用しようと思えば利用可能な資源ではあったが，これらのアクがあるドングリ類も礫群による加熱調理で食用となっていたのであろうか。礫群調理実験を繰り返し行っている鈴木忠司らによると，「石蒸し調理法」ではドングリ類のアク抜きはできないことが示されており，これらのドングリ類が主要な食料源となっていた可能性は低いようだ。こうしたドングリ類が食料として重要な要素の1つとなるのは，煮炊きの道具である土器が使用されはじめる縄文時代以降と考えられ，遺跡出土資料としてその具体的な証拠がみえてくるのは縄文時代草創期の南九州が最も早いようである。

参考文献

かながわ考古学財団 1997『吉岡遺跡群Ⅳ』かながわ考古学財団

かながわ考古学財団 2013『小保戸遺跡』かながわ考古学財団

相模原市教育委員会 2003『田名向原遺跡1』相模原市教育委員会

静岡県埋蔵文化財調査研究所 2009『梅ノ木沢遺跡Ⅱ』静岡県埋蔵文化財調査研究所

鈴木忠司編 2012『岩宿時代集落と食の理解へ向けての基礎的研究―石蒸し調理実験1999～2011―』古代学協会

堤隆 2011『最終氷期における細石刃狩猟民とその適応戦略』雄山閣

奈良貴史ほか編 2015『尻労安部洞窟Ⅰ―2001～2012年発掘調査報告書―』六一書房

北海道埋蔵文化財センター 1999『柏台1遺跡』北海道埋蔵文化財センター

山崎真治編 2018『サキタリ洞遺跡発掘調査報告書Ⅰ』沖縄県立美術館・博物館

　　　　　　　　　　　　　　　　　　　　　　　　　　　　（工藤雄一郎）

---コラム①---

日本列島の人類はどこから来たのか？

最初の日本列島人

　最初の日本列島人はアフリカを起源とする新人であって，北京原人に代表されるような東アジアの原人が新人に進化して，日本列島に到達したわけではない。

　日本列島の旧石器時代のはじまりが約3万8000〜3万7000年前と考えられている現在，列島に現れた最初の新人は人類学的には5万年ほど前には東南アジアに到達していた集団の末裔であったと考えられている。末裔の中で大陸を北上した集団の一部が古琉球島や朝鮮半島を経由して，古本州島に到達したと考えられている。現在知られている最も古い化石人骨は沖縄で見つかっているので，まずは人類学の立場より，沖縄の旧石器時代人の話から始めることとしよう（篠田 2015）。

古琉球島の旧石器時代人

　この地域の島々では石灰岩質の地層に守られていたこともあって，2万年前をさかのぼる人骨がいくつか発見されている。その中でも最も古いのが，那覇市山下町にある山下町第1洞穴から出土した6歳ぐらいの子供の大腿骨と脛骨片である。周辺から出土した炭化物の炭素14年代測定の結果，約3万7000年前という結果が出ていて，形態的にホモ・サピエンスと判断されている。なお，考古学者の中には旧石器時代の遺跡としてとらえていない研究者もいる。

　2007年に石垣島の新石垣島空港建設に伴う発掘調査により，白保竿根田原洞穴から，頭骨片を含む人骨片が複数回収され，骨を直接炭素14年代測定した結果，そのうち3点が旧石器時代のものであることがわかっている（図1）。

　篠田謙一によると，その後に行われた調査によって，旧石器時代の層から

図1 白保竿根田原洞穴の発掘風景（沖縄県立埋蔵文化財センター所蔵）

1000点以上の人骨が回収されており，詳しい分析の結果，旧石器時代の人骨19体と，ほかの時代が5体の，計24体が見つかっている。

DNA分析の結果，年代がわかっている人骨3体のうち，旧石器時代までさかのぼるのは2体で，そのうちの1体（女性）から，B4と呼ばれるハプログループが確認された。このタイプの祖先は，中国北京の周口店の田園洞で見つかった4万年ほど前の人物であることがわかっている。

ハプログループBの系統は，新大陸を除くと現代の東南アジアに多く見られるので，旧石器時代の東アジアにはBタイプのハプログループをもつ人がたくさんいた可能性が指摘されている。

日本列島への到達ルート

白保竿根田原洞穴のBタイプの人びとはどのようにしてやって来たのであろうか。約5万年前に中国の南部か東南アジアで誕生したハプログループBが，古い時代に北上して，その一員が白保の個体であった可能性が出てくる（図2-③）。

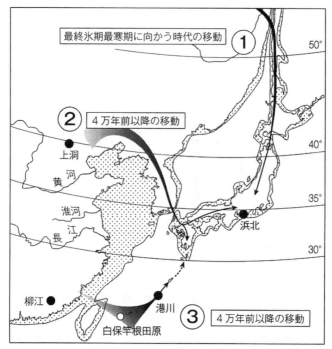

図2　後期旧石器時代人の推定される日本列島への移動ルート
（篠田2015）

　旧石器時代にさかのぼるもう1体の人骨は，ミトコンドリアDNAハプログループの大分類群であるRまでしかわからなかったものの，Rの系統は東南アジアや中国南部など南方地域に起源をもつと考えられるため，白保の人びとはこれらの地域との関連があることがわかるのである。
　九州・四国・本州で最も古い旧石器時代の人骨は，静岡県浜北根堅遺跡から出土した約1万8000年前の脛骨1点しかない。DNA分析はできていないので，本州の旧石器時代人がどのような人びとだったのか，沖縄のハプログループBとの関係も含めて詳しく知ることはできない。
　北海道からの北ルートはどうなのか。最寒冷期以前の3万8000〜2万8000年前の北海道にナウマンゾウやマンモスがいたことが化石骨からわかっているので，これらの大形動物を狩猟していた人びとがいた可能性がある。しかし，人骨が見つかっていないのでよくわからない。

最寒冷期（Last Glacial Maximum: LGM），サハリンと北海道が繋がっていた段階には，新たに細石刃という石器群が出現する。細石刃の起源地であるバイカル湖周辺に住んでいた人びとをみると，ヨーロッパの系統に連なる人たちの可能性が高いことがDNA解析によってわかっている。しかし，北海道の縄文時代人骨の中でヨーロッパの系統に繋がる遺伝子は今のところ発見されていない。

　したがって，アジア系の人びとの中で細石刃技法を学んだ人びとが，北海道に到達した可能性を考える方が自然だが，直接的な証拠で考察できる段階ではないということらしい。

　いずれにしても石器の出現年代から見ると，北回りルートで北海道へはいってくるのは，朝鮮半島ルートよりも遅かったと考えられている。このように北海道を通る北方ルートは，石器群の特徴から人びとの移動があったことは想定できるが，アムール川下流域や沿海地方に同時代の遺跡が見つかっていないことや，人骨も見つかっていないことなどから，よくわからないというのが現状である（佐藤2013）。

　最後の朝鮮半島ルートだが，前期・中期旧石器時代の遺跡が数多くあるので可能性は高いものの，LGMでも陸化していないため海を渡ってきたのであろう。動物を追って，剝片尖頭器や角錐状石器など大型の尖頭器を使う人びとが渡ってきた可能性は高い。

　いずれにしても人類学者は，旧石器時代の最寒冷期に存在した古北海道半島，古本州島，古琉球島という3つのグループからスタートした日本列島人の歴史を，均一なスタートではなく，多様な地域集団としてスタートしたという前提で，考え直そうとしている。

参考文献

佐藤宏之2013「日本列島の成立と狩猟採集の社会」『岩波講座日本歴史』第1巻，原史・古代1, 岩波書店.

篠田謙一2015『DNAで語る日本人起源論』岩波現代全書

（藤尾慎一郎）

コラム②

3万年前の種子島の暮らし

立切遺跡にみる植物採集生活

約3万年前の種子島には照葉樹林性の堅果類を採集して暮らしていた人びとがいた。

鹿児島県中種子町立切遺跡から,調理の際に使われたと考えられる礫群が1基,落とし穴が2基,たき火などの跡である焼土が14ヵ所検出された(図1)。土坑は直径1m前後の円形で,深さ75〜85cmのものである。礫群はこぶし大の砂礫を中心とした構成で,ほとんどが火と熱によって赤く変色し,熱破砕を受けていた。

図1　立切遺跡(中種子町教育委員会提供)

焼土の中にはレンズ状に変色した部分が深さ10cmを超えるものもあったことから，同じ場所で数回〜数十回にわたって使用された可能性が高いとされ，一定期間定着していたと考えられている。

　立切遺跡の種Ⅳ火山灰の下からホルンフェルス（砂岩・泥岩が接触変成作用を受けてできた岩石）製の局部磨製石斧・打製石斧・スクレーパーなどのほかに，多数の砂岩製の磨石や砥石（図2）が出土した。層中の植物珪酸体分析や炭化材の樹種同定の結果，照葉樹林が分布していたことが確認されているので，ブナ科シイ属やイスノキなどの堅果類に依存していた植物食を中心としたシステムが，暖かかった約3万4000〜3万1000年前の南の島で始まっていたことを示している。

　そのあと訪れる寒冷期にこうした暮らしは姿を消すことになるが，このような事態は何度か繰り返されたのではないだろうか。

図2　植物加工用の石器（中種子町教育委員会提供）

参考文献

佐藤宏之編 2015「特集　旧石器〜縄文移行期を考える」『季刊考古学』132，雄山閣

堂込秀人 2007「琉球列島の旧石器時代遺跡」『考古学ジャーナル』564，ニューサイエンス社

（藤尾慎一郎）

Ⅱ 縄文時代

1 土器の出現はいつか

土器の出現は後氷期か

　旧石器時代の終了，すなわち縄文時代のはじまりは，1960年代から1990年代までは今から1万年前あるいは1万2000年前とされ，2000年代に入ると約1万6000年前という年代観が定着してきた。縄文時代のはじまりに関わる資料の放射性炭素年代測定例の増加とその暦年較正(れきねんこうせい)の普及によって，縄文時代のはじまりの年代観が変わってきているためである。

　旧石器時代と縄文時代という2つの時代は，「旧石器時代にはなかった新しい道具の出現」を基準として区分している。土器や弓矢，土偶(どぐう)などの新しい道具の出現は，縄文時代のはじまりをとらえる上で非常に重要な出来事であることは間違いない。かつては1万2000～1万年前に起こったと考えられてきた最終氷期から後氷期への移行とともに日本列島の動植物相が大きく変化し，旧石器時代人が新しい環境に適応していく中で土器や弓矢などさまざまな新たな道具を発明し，縄文時代が始まっていくと考古学者は考えていた。これは「後氷期適応論」あるいは「後氷期技術革新論」という考え方が土台となっている。

　日本考古学では，このうち「土器の出現」を最も重視し，その出現をもって縄文時代のはじまりと定義することが一般的である。小林達雄(こばやしたつお)は，土器使用の効果とは，食物の煮炊きによってもたらされた効果であると指摘し，利用する食料の種類が増えたこと，特に植物質の食料資源の開発が進んだことによる食料事情の安定化を重視した。そして，土器の出現こそが縄文時代開幕の原点として最も重要だと定義した。1960年代に活発化した「後氷期適応論」や「後氷期技術革新論」を基礎として，煮炊きの土器が出現したことの歴史的意義を重視する時代区分の枠組みには，説得力があった。

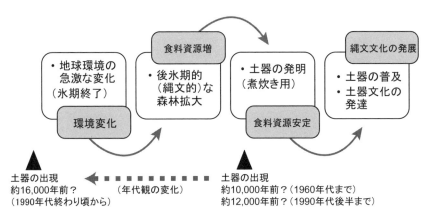

図1 土器出現と古環境との関係についての時代観の変化

最終氷期にさかのぼる土器の発見

 1990年代ごろまではこのような時代区分・時代観が主流だったが、大きく変わるきっかけとなったのが青森県大平山元Ⅰ遺跡の調査である。1998年に発掘調査が行われた大平山元Ⅰ遺跡では、編年的に縄文時代の最古段階と考えられていた無文土器と、旧石器時代的な特徴をもつ石刃製の石器類が発掘された。この土器に付着した炭化物の放射性炭素年代測定が名古屋大学の加速器質量分析計で行われ、当時最新の暦年較正曲線（IntCal98）でそれらの年代の較正が行われた結果、土器の年代は最も古く見積もって1万6500年前となる可能性があることが発表された。当時世界最古の土器であり、学界のみならず社会的にも大きな注目を集めた。これまでは土器が出現したころはすでに温暖であり、縄文時代的な豊かな森林資源を利用するために土器が発明されたと考えられてきた。これに対し、最古の土器が使われたころの北東北はまだ最終氷期から続く寒冷な針葉樹中心の環境が広がっており、堅果類が多く実るような縄文的な環境ではなかったと推定されたためである。

 1万6000年前まで土器の年代がさかのぼったことは、土器出現の歴史的意義の再考をうながすきっかけともなった。年代的にも古くさかのぼり、内容的にもその後の縄文時代の文化と異なる特徴をもつ縄文時代草創期を、縄文時代から切り離して「移行期」とし、縄文時代は早期が始まる約1万1000年前ごろからとする意見も谷口康浩によって提示された。

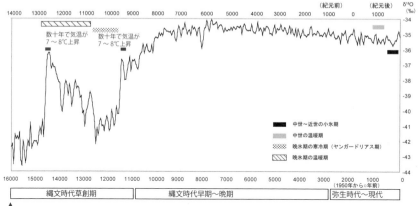

図2　グリーンランド氷床コアによる過去1万6000年間の気候変動

土器の出現が1万6000年前ごろとすると，最終氷期から続く寒冷期に土器が出現したことになる。

　一方，2011〜2015年に長崎県福井洞窟の再調査が行われ，九州北部における土器出現の年代が明確になってきた。福井洞窟や長崎県泉福寺洞窟における土器の出現は細石刃石器群に伴うものであり，東日本とは異なる文化的背景の中で土器が使用され始めている。そしてその年代は約1万6000年前ごろであることが判明し，青森県大平山元Ⅰ遺跡とほぼ変わらないことがわかってきた。西北九州の当時の古環境を知るデータは限られているが，福井県水月湖の花粉分析などを参照するならば，晩氷期にかけて針葉樹と落葉広葉樹からなる針広混交林が形成されており，1万5000年前を境に，植生は落葉広葉樹林へと大きく変化したことがわかる。

　土器は日本列島のどこで使われはじめたのか。そして日本列島のどこから一気に拡散したのか。この後さらなる年代学的な調査が必要である。

　なお，これらの最古段階の土器は何を煮炊きするための道具だったのだろうか。近年，土器の内面に付着した炭化物の炭素・窒素安定同位体分析や残留脂質分析により，煮炊きの内容物の検討が行われている。それによると，北海道大正3遺跡の1万4000年前の爪形文土器では海産物が煮炊きされた可能性が高いことがわかっており，サケなどの遡上性の魚であると推定される。水産資源を煮炊きしたと思われる分析結果は新潟県田沢遺跡や福井県鳥浜貝塚など

でも得られている。縄文時代草創期におけるサケの利用は，1970年代に調査された東京都前田耕地遺跡で住居跡からサケの下顎骨が出土したことから明らかになっていたが，水産資源の利用は活発だったことが次第にわかってきた。

南九州における定着的集落の出現

一方，南九州における縄文時代草創期の隆帯文土器文化期の年代は，西北九州の隆起線文土器の時期よりも出現が遅れ，1万4000年前よりも新しい。この時期は晩氷期の温暖期にあたり，南九州ではこの時期に竪穴住居が多く見つかるようになり，定着的な集落遺跡の形成が日本列島の中でもいち早く形成された。また，煙道付き炉穴などの燻製施設と考えられる遺構や，堅果類の粉砕加工具である石皿や磨石が多数出土する。鹿児島県東黒土田遺跡や宮崎県王子山遺跡では，炭化したドングリや鱗茎類が出土しており，また土器の底部に

図3　宮崎県王子山遺跡の約1万3400年前の集落模型（国立歴史民俗博物館所蔵）
上：全体，左下：石皿・磨石で堅果類を粉砕する様子，右：煙道付き炉穴の使用の様子

はツルマメの圧痕があるものがあった。南九州では縄文時代草創期にこうした植物質食料の利用が盛んに行われたことがわかる。

　この時期の九州における植生を示す明確なデータはないが，晩氷期の温暖期に南九州で広がった落葉広葉樹林の安定した植生の中で，列島でもいち早く定着的な集落が形成されるとともに，集落生態系がすでに成立し，そのような中で堅果類，雑草的植物であるマメ類や鱗茎類などを利用する植物利用が行われている。これらの実態を，考古資料，古環境資料，年代の三者を総合して理解していくことが今後必要不可欠である。

参考文献

工藤雄一郎 2012『旧石器・縄文時代の環境文化史―高精度放射性炭素年代測定と考古学―』新泉社

小林謙一・工藤雄一郎・国立歴史民俗博物館編 2011『縄文はいつから？―地球環境の変化と縄文文化―』新泉社

小林達雄 1981「総論」『縄文文化の研究 3』縄文土器 I，雄山閣

佐世保市教育委員会 2016『史跡福井洞窟発掘調査報告書』佐世保市教育委員会

庄田慎矢，クレイグ・オリバー 2017「土器残存脂質分析の成果と日本考古学への応用」『日本考古学』43

谷口康浩編 1999『大平山元 I 遺跡の考古学調査―旧石器時代の終末と縄文文化の起源に関する問題の探究―』大平山元 I 遺跡発掘調査団

谷口康浩 2011『縄文文化起源論の再構築』同成社

都城市教育委員会 2012『王子山遺跡』都城市教育委員会

Kunikita, D., Shevkomud, I., Yoshida, K., Onuki, S., Yamahara, T., Matsuzaki, H. 2013. Dating Charred Remains on Pottery and Analyzing Food Habits in the Early Neolithic Period in Northeast Asia. Radiocarbon 55(2-3): 1334-1340.

（工藤雄一郎）

2 縄文時代・文化のはじまりとひろがり

縄文時代・文化とは

　縄文文化とは，時間的に最も長く考えた場合，約1万6500年前から2400年前（東北北部において水田稲作が始まったことを終点とした場合）までの日本列島域において，人々が狩猟・採集・漁労を主ななりわいとし，土器や弓矢を使い，本格的な定住生活を行うようになった各地の文化群の総称である。縄文文化が主に展開した3000年前までの時期を，日本の歴史では縄文時代と呼ぶ。

縄文時代のはじまり

　現在では縄文時代のはじまりを，以下の3つの立場から説明することが多い（図1，小林他2009）。
　第1の説は，土器の出現をもって旧石器時代と縄文時代を区分する立場である。現在のところ日本における最古の土器は約1万6500年前のものである。したがって，縄文時代のはじまりもここまでさかのぼると考える説である。ただし，この時期はまだ氷期の寒い時期であり，土器が気候の温暖化に伴って出現するという説は成立しないことになる。
　第2の説は，土器の一般化，普及をもって旧石器時代と縄文時代を区分する立場である。この説では，土器出現期においてはまだ土器が一般化し，普及しておらず，生活を変えるほどではないと考える。そして，土器が出土した遺跡の数や土器の出土量が増加し，土器が本格的に普及したと考えられる段階をもって，縄文時代のはじまりと考える。この場合，縄文時代のはじまりはおよそ1万5000年前，すなわち温暖化が始まったころということになる。
　第3の説は，縄文文化的な生業形態・居住形態が確立した段階をもって，縄文時代のはじまりとする立場である。気候が温暖化していく中で旧石器時代と

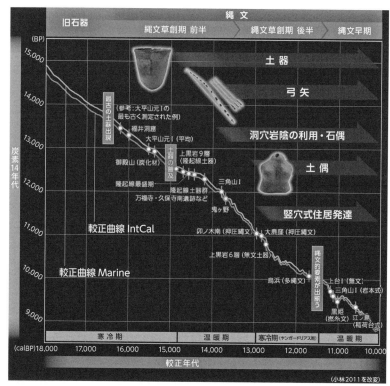

図1 縄文的文化要素の出現時期（国立歴史民俗博物館所蔵）

は異なった環境が成立し，それと連動して植物質食料の利用形態が変化し，それに伴ってさまざまな道具立ての発達が促された。植物採集，狩猟，漁労といったさまざまな技術体系が確立し，貝塚の形成や竪穴式住居の普及にうかがうことができるように定住生活が本格化していく時期，ここに画期を認めるのが第3の説である。時期的には従来の縄文時代早期の初めが相当し，およそ1万1500年前のことになる。

　重要なのは，この3つの立場は旧石器時代から縄文時代への変化の中で，どの部分に画期を見出すのかという歴史観と大きく関わっているので，一概にどれが正しい，どれが間違いということはできないという点である。歴博の新しい展示では土器の出現という歴史的意義を重視し，基本的には最も時間幅を広くとる第1の説に基づいて縄文文化の形成，縄文時代のはじまりを解説している。なお縄文文化は，その様相を基準として大きく草創期（そうそうき）（約1万6500～1万

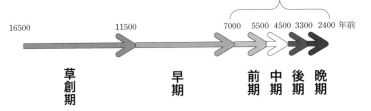

図2 縄文時代における各時期の時間幅（100年未満は切り上げてある）

1500年前），早期（約1万1500〜7000年前），前期（約7000〜5470年前），中期（約5470〜4420年前），後期（約4420〜3220年前），晩期（約3220〜2350年前）の6期に区分されている（図2）。

縄文文化のひろがり

　日本列島域への人の移動経路は，沿海州からカムチャツカ半島，サハリンを経て北海道に至る北方ルート，朝鮮半島から北部九州へと渡る朝鮮ルート，台湾，沖縄などの南島を経由して北上する南島ルートという，大きく3つのルートが考えられる。しかしながら南島ルートについては，その実態は未解明である。ここでは遺跡数の多くなる縄文早期以降の時期に着目して，この3ルートについてその様相をみてみよう（山田他編2017）。

　北方ルートの場合，縄文土器の分布ということでいえば，北海道とサハリンの間にある宗谷海峡をはじめとする諸海峡がこの区切りとなるのではなく，北海道内の道東・道北が分布の北限になる。縄文土器が主体的に及ぶ範囲を縄文文化の範囲とするならば，縄文文化は北海道の中にその境界線をもつということになる。縄文人が北方に進出していこうにも，自然環境的な制約があり難しかったということらしい。このように，北方方面における縄文文化の境界は，北海道北端部までのところで収まるといえるだろう。

　朝鮮半島ルートについては，土器（図3）や銛，釣針などの考古学的資料によって，その存在が古くから裏付けられている。しかしながら，その交流のあり方は大規模な人の移動によるようなものではなく，むしろ単発的で点在する傾向がある。また，韓国側からは，土偶や石棒といった縄文時代を代表するような呪術具はほとんど出土しない。このような状況からみて，九州北部と朝鮮半島の南部を同じ文化圏として1つに括ることはできず，対馬海峡において文

図3 類似する土器型式（左：日本の轟式土器〈福岡県山鹿貝塚出土，複製，国立歴史民俗博物館所蔵，原品は芦屋町教育委員会所蔵〉，右：韓国の隆起線文土器〈韓国文岩里遺跡出土，複製，国立歴史民俗博物館所蔵，原品は大韓民国国立文化財研究所所蔵〉）

化的な境界線を引くことができると考えられる。

　ちなみに沖縄などの南島域における状況は九州南部の縄文文化と完全に同一ということはなく，連動したり，離れたりと，時期によってその関係性が変化していたようだ。

縄文文化の空間的範囲

　縄文文化の空間的範囲についてみてきたが，これらの状況をみる限り，現在の日本国の領土と縄文文化の広がりは必ずしも厳密に一致するものではない。とはいうものの，見方を変えれば日本列島内，現在における日本の国土内に見事に収まっているといえなくもない。少なくとも縄文文化の範囲を，日本列島の中で考える立場には一定の理があるということになる。

参考文献

小林謙一・坂本稔・工藤雄一郎編2009『縄文はいつから!?―1万5千年前になにがおこったのか―』（企画展示図録），国立歴史民俗博物館

小林謙一2011「定住化のはじまり」『縄文はいつから!?―地球環境の変動と縄文文化―』新泉社

山田康弘・国立歴史民俗博物館編2017『縄文時代―その枠組・文化・社会をどう捉えるか？―』吉川弘文館

（山田　康弘）

3 本格的な定住生活の開始

定住生活の確立と貝塚の形成

　縄文時代早期が始まる1万1500年ほど前になると，温暖化によって気温が高くなり，海水面は現在に近い高さまで上昇した。これを海進という。このような急激な温暖化は，自然地形や動植物相の大きな変化を引き起こしたが，特に海岸部では海水域の拡大によって複雑な岩礁帯や砂泥性の入江などが出現し，これが魚介類の好漁場となった。これらの新しく出現した環境における森林産資源と海産資源の開発によって，当時の人々の食生活の幅は大きく広がり，縄文文化は大きく発展していったのである。

　定住生活が進展すると，海岸部や汽水域など貝類を捕食する地域では貝塚が形成されるようになった。貝塚が形成されるということは，生ゴミとしての貝殻が堆積するほどの期間はその場所において定住しているということにほかならない。むろん，季節によって居住地が移動することもあるだろうが，その場合であっても離れては戻るといった回帰的な動きをしていないと，貝層ができるほどには貝殻は堆積しない。したがって，貝塚の存在は定住生活を行っていた証拠となる。

大型集落の登場

　上野原遺跡は，鹿児島県霧島市に所在する草創期から早期にかけての集落遺跡である（図1）。これまでにも多数の早期の竪穴式住居が検出され，そのうちの約10棟には約9500年前に噴火した桜島の火山灰が堆積していた。このことは，一時期に10棟程度の住居が同時存在していたことを示している。また，石蒸し炉と思われる集石遺構が39基，燻製施設と考えられる連穴土坑が16基，用途が明確ではない土坑が260基，集落内を通る道路跡が2筋確認されて

図1　上野原遺跡の復元集落（鹿児島県立埋蔵文化財センター所蔵）

いる。この時期の九州南部では，すでにかなりの程度安定した定住生活が営まれていたと考えてよいだろう。

東名遺跡にみる食料資源

　佐賀県佐賀市の東名(ひがしみょう)遺跡は，縄文時代早期としては最大規模の貝塚を伴う低地遺跡である。したがって，台地上の遺跡では遺存しないさまざまな有機質の遺物が残されていた。水辺につくられた貯蔵穴からは，1万点以上の堅果(けんか)類が出土しており，そのうちの約80％がイチイガシで，10％弱がナラガシワとクヌギであった。また，貝層や包含(ほうがん)層から出土した獣骨類はイノシシとシカが大部分を占めるが，ほかにもタヌキ，ノウサギ，アナグマ，テン，カワウソなどの小型哺乳類の骨が見つかっている。これらの動物は食用に供しただけでなく，毛皮や骨角器(こっかくき)の素材としても利用されていたことであろう。魚骨としてはスズキ，ボラ，クロダイが多く，これらが全体の60％を占める。ほかにアユやコイ，フナといった淡水魚も出土しており，東名遺跡の人々が多種多様な動植物を食料としていたことがわかっている。

精神文化の発達

　定住化が進展するのと軌を一にして，精神文化も発達していった。千葉県船橋市の取掛西貝塚では，早期前半の竪穴式住居跡内に残されたヤマトシジミを主体とする貝層直下から，イノシシの頭蓋が12点，シカの頭蓋が2点，意図的に配置された状態で出土している（図2）。頭蓋のほかに四肢骨も出土しているが，頭蓋数から想定される個体数に比して出土量が少なく，また周囲には火を使用した痕跡も認められることから，主に頭蓋を用いた動物儀礼に伴う祭祀跡であると推測されている。おそらくは狩猟の成功や，狩猟対象動物の再生・増加を祈ったものであろう。東アジアの狩猟採集民の間には，動物の骨から新たに動物が再生するという神話が存在するが，おそらくはそれと類似したものであろう。早期の段階で，すでにこのような動物の頭蓋を用いた動物祭祀が発達していたことは，当時の精神文化のあり方を考える上で非常に重要である。

　また，この時期から土偶の出土も次第に目立つようになってくる（図3）。土偶自体は草創期の段階から出現するが，量的にも多くなってくるのは早期以降の時期である。草創期および早期の土偶には乳房の表現がなされており，おそ

図2　取掛西貝塚の動物儀礼跡（船橋市教育委員会提供）

図3 土偶（花輪台貝塚出土，南山大学人類学博物館所蔵）

らくは女性性に基づいた祭祀が行われていたものと推測できる。

　精神文化の発達ともに，祭祀が行われる場所も別に整えられるようになっていった。熊本県瀬田裏遺跡では，長さ21m，幅7mにもなる大型の方形配石遺構が確認されている。

　このほか，赤色顔料を墓に散布するなど，祭祀に使用する事例も多くなる。また，多様な骨角製装身具の製作も行われるようになり，精神文化が発達してきたさまをうかがうことができる。

縄文文化の主要な要素の萌芽期

　縄文時代早期末においてはイヌの埋葬例も確認できるようになり，動物の管理が始まったことも判明している。この時期にみられるようになった本格的な定住生活や，土偶祭祀をはじめとするさまざまな文化的要素は前期以降にも継続し，さらなる発達を遂げていく。その意味では，縄文時代早期は，縄文文化における各要素の萌芽期という見方ができ，縄文文化の基礎を形成した時期と理解できるだろう。

（山田　康弘）

4 縄文文化の東西南北

縄文文化の地域性

　日本列島は，主要四島の差し渡しが南北約 2000 km にも及び，海岸部・平野部・山間部などのように，非常に多様な自然環境を有している。このような地理的舞台に花開いた縄文文化が，地域や時期によって非常に多様な展開をしていたことは，これまでの研究でも，つとに明らかにされている。基本的な生業形態が狩猟・採集・漁労であり，その食料や各種資材・原材料の多くを自然に依拠した縄文時代においては，各地における多様な自然環境・生態系に対応するために多様な「技術」が発達した。縄文時代に本格化する定住生活や動植物の管理も，その「技術」の1つということができる。そして，その多様な「技術」の一環である生業戦略や居住戦略は，これまた多様な社会構造や精神文化を育んだ。縄文文化における地域性は，まさに日本列島域における多様な自然環境・生態系を反映したものなのである。

遺物にみる地域性

　縄文文化の土器を縄文土器と呼ぶが，上記の観点からすれば各地において多様な土器が作られ，使用されていたことも自ずと理解されるだろう。図1は縄文時代中期における，土器型式や石器の器種や形態に基づく地域性を表したものである。これをみてもわかるように，可塑性の高い粘土から整形される土器は，形状や文様などに，近接地域においては共通する気風をとらえることができつつも，地域ごとにかなり多様であったことがわかる。

　石器の場合，機能的な側面が形態に強く反映される石鏃（矢じり）や石皿（主に堅果類をすりつぶす道具）には比較的共通性がみられるものの，縄文文化特有の石器である石匙と呼ばれるつまみの付いた万能ナイフについては，東日

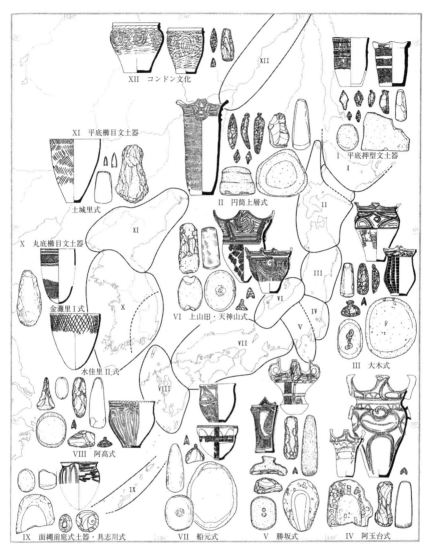

図1 土器・石器からみた縄文中期文化の地域性（谷口 1992）

本では縦長が，西日本では横長が多いといった地域性を読み取ることができる。さらには，関東・中部地方では打製石斧（土掘り具の刃先）が，特徴的にみられるという，生業に使用する道具の組み合わせの違いをみることもできるだろう。

また，沖縄などの南島地域では，この時期に室川下層式土器をはじめ南島で独自の変遷をたどる土器群や，ヤコウガイの殻蓋を利用した刃器などが使用されており，生業形態も堅果類を利用する一方で海産物に強く依存する傾向があるなど，九州南部の文化とはやや趣が異なる文化を形成していた。ただ，前期や後期には九州南部の土器が流入し，時期によってその様相は変化したようだ。

　一方，海を越えた朝鮮半島や大陸側の土器文化との関連であるが，前期や後期など限定された時期には，双方で類似した気風をもつ土器がみられるが，通時的には概して類似性はあまり高くなく，また石器の組み合わせや生業形態も異なることから，別の文化として位置づけることができるだろう。

　日本列島域においては，土器や石器だけでなく，沿岸部における骨角器や網の錘など漁労具においてもこのような地域差は顕著であり，東日本と西日本では，その道具の組み合わせに大きな違いをみることができる（図2）。また，東日本においても，獲物を突いた際に銛先が外れる回転式離頭銛が発達した三陸地方沿岸部や北海道南部と，内湾性漁労が発達し，網漁が盛んであった（そのため土器の破片でつくられた土器片錘が多い）関東地方沿岸部では，捕獲対象と

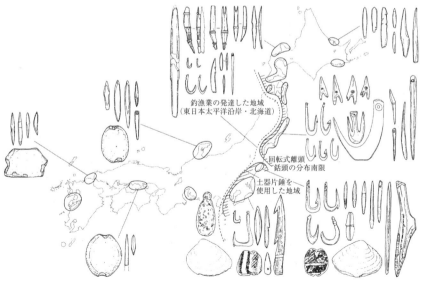

図2　漁労具からみた縄文中期文化の地域性（谷口1992）

なった魚介類の差異から，漁労具のあり方に大きな差をみることができる。また関東地方では，ハマグリなどの大型二枚貝の貝殻に刃をつけて道具とした貝刃(かいじん)を製作して，ものを切ったり削ったりしていた。

それに対して西日本では，骨角製のヤスや打製石錘(せきすい)などは確認できるが，その全体像は不明である。

このように，残された遺物からは，それぞれの自然環境・生態系に上手に対応した地域性を読み取ることができよう。

縄文文化の実態

一国史的な観点から，縄文時代の文化を縄文文化と一律に呼ぶことが多いが，その実態は，食料採取段階という経済的観点や定住生活という居住形態などといった共通性をもちながらも，それぞれ各地の自然環境・生態系に対応したいくつもの地域文化の集合体，と理解することができる。それゆえに，時期的・地域的多様性が目につくと考えた方がよいだろう。

参考文献

谷口康浩 1992「道具の組み合わせ―中期」『図解・日本の人類遺跡』東京大学出版会

(山田　康弘)

5 クリと縄文時代の人々

クリ利用のはじまり

　クリは，縄文時代を通じて重要な植物の1つである。クリは比較的加工が容易である一方，耐久性や保存性に優れ，特に水湿に強く，腐食しにくいという性質がある。当時の人々はクリのこのような特性についてすでに知識があり，それゆえにクリを食用としてだけではなく，建築材をはじめとする木材として用いていた。

　縄文時代の人々とクリの関係は古く，栃木県野沢(のざわ)遺跡の住居跡から出土したクリの炭化材からは，約1万3000年前を示す炭素14年代が得られている。おそらく住居の建築材として利用されていたものであろう。

　また，木材としての利用だけではなく，食用としての利用もほぼ同じ時期までさかのぼることがわかっている。長野県お宮の森裏(みやのもりうら)遺跡から出土したクリの実の子葉(しよう)（食用となる黄色い部分）は，炭素14年代測定の結果，約1万2800年前のものであることが判明している。

　縄文時代の人々にとって，アク抜きなど手間のかかる処理を行うことなく食べることのできたクリは非常に重要な植物であった。人々は，気候の温暖化によって植物相が次第に変化していく中で，木材および食料として有用な樹木であるクリをいち早く見いだしていたのである。

三内丸山遺跡とクリ

　青森県三内丸山(さんないまるやま)遺跡では，集落の形成・拡大とともにクリが多くなるさまが花粉分析によって明らかにされている。三内丸山遺跡の集落が形成される前には，遺跡周囲の植生がナラ林主体であったものが，縄文時代前期（約5500年前）に集落が形成されるとクリの純林（クリしか生えていない林）に覆われるよ

図1 三内丸山遺跡の大型掘立柱建物（青森県教育庁文化財保護課所蔵）

うになり，中期末（約4000年前）に集落が廃絶すると，ふたたびナラ林が復活するという状況が確認されている。クリの純林が出現するというような状況は，通常自然界においては起こりえないことである。このことは，縄文時代の人々が集落の周囲にクリを意図的に植栽し，これを管理していたことをうかがわせる。

　三内丸山遺跡から検出された六本柱の大型掘立柱建物（図1）には，直径1mものクリ材が用いられている。日照条件のよいところで生育したとしても，クリがこれだけの太さに成長するまでには200年から250年ほどの期間が必要とされることから，縄文時代の人々は，数世代を超えるような長期間にわたって，クリ林を管理していたと考えられている。

　奈良県観音寺本馬遺跡や石川県米泉遺跡では発掘調査区内からクリの根株が検出されており，集落に近接してクリ林が存在したことが判明している（図2）。また，多くの木材が出土した埼玉県寿能遺跡および赤山陣屋跡遺跡，栃木県寺野東遺跡といった後晩期の遺跡では，建築材や土木材に用いられたクリの木の割合は，利用された樹木全体の50％を超えている。クリ材がいかに縄文

図2 観音寺本馬遺跡から検出されたクリ根株（橿原市教育委員会提供）

時代の人々にとって有用であったのか，想像できるだろう。

軸組工法の存在

　三内丸山遺跡で復元されているような大型の建物を建築するためには，特別な工法が必要であった。木材と木材を組み合わせることによってつなぐ工法を軸組工法（じくぐみこうほう）と呼ぶが，軸組を行うことができるようになれば，大きく高い建物や複雑な構造の建築が可能となる。

　縄文時代中期末から後期初頭の富山県桜町（さくらまち）遺跡からは，木材同士を組み合わせるための貫穴（ぬきあな）が開けられるなどしたクリの建築材が出土しており，少なくともこの時期に軸組工法が存在していたことは明らかである（図3）。おそらく，軸組工法の初現は縄文時代前期にまでさかのぼるだろう。三内丸山遺跡をはじめ，東北地方の前期を中心として検出されることの多い，長径が数十mにも及ぶ楕円形や隅丸（すみまる）長方形をした大型住居などには，この軸組工法が採用されていたと思われる。

クリを加工した食品

　なお，当時の人々は，クリをそのまま食べていただけではなかったらしい。

5　クリと縄文時代の人々　　47

図3 桜町遺跡から出土したクリ建築材（小矢部市教育委員会提供）

縄文時代の遺跡からは，しばしば縄文クッキーといわれる加工食品が出土するが，通常このようなクッキー状の加工食品は，ドングリ類を粉末にしたものをハチミツやヤマイモなどのつなぎを使って固めたものと考えられることが多い。しかしながら，縄文クッキーが出土した前期の山形県押出(おんだし)遺跡からはドングリ類が見つかっていないので，おそらくはクリなどをペースト状にしたものが材料として用いられたのだろうと考えられている。そうだとすれば，クリの実がそのまま食用に供されたのではなく，さまざまな形で加工されていた可能性があることになり，当時の食生活のバリエーションを考える上でも非常に興味深い資料となる。一方で，縄文クッキーには渦巻き状の文様が描かれているものもあるので，これらの加工食品が日常的に食されていたものであったのか，移動時の携帯食料か，それとも祭祀用であったのかという点については議論が分かれるところである。

（山田　康弘）

6　縄文人の一生

縄文時代の通過儀礼

　縄文時代の墓制においては,「大人」と「子供」(おおよそ16歳くらいまで)が区別されており,埋葬施設や埋葬地点,頭の向き(頭位方向)が異なるなど,それぞれ違った埋葬のされ方をしていたことがわかっている。また,出土人骨の細かい年齢推定と,着装していた装身具や墓の構造の分析から,幼児期(離乳以降,大体2歳から5歳くらいまで),思春期(大体13歳から16歳ころまで),熟年期(40歳から60歳くらいまで)などといった各年齢段階においてもさまざまな区分があり,その点から推定して生前の社会的立場が年齢によって変化していったこともわかっている。その人生上の区分となる節目が,成人式などに代表されるいわゆる「通過儀礼」であったということは,想像に難くない。

　世界各地の民族事例を参考にすると,「通過儀礼」を行う機会には,出産後の臍の緒の切断,命名,乳歯の萌出,最初の歩行,最初の外出,割礼,最初の着衣,成人式,結婚式,妊娠・出産など,多くのものが存在する。おそらく縄文時代にもこれらのような機会に行われる「通過儀礼」が数多く存在したものと想像されている。例えば,人骨に観察できる上顎左右の犬歯の抜歯は,いわゆる第二次性徴が顕著となるころに行われているので,成人儀礼に伴うものであったと推定されている。

　また墓制の研究からは,「大人」となった男女では,埋葬地点が異なったり,頭位方向が異なったり,あるいは異なる装身具を着装していたりと,両者を意図的に区分していたこともわかっている。縄文時代の社会においては,このような性別による区分と,年齢段階による区分が重層的に存在しており,それによって社会的な立ち位置も変化していったようだ。

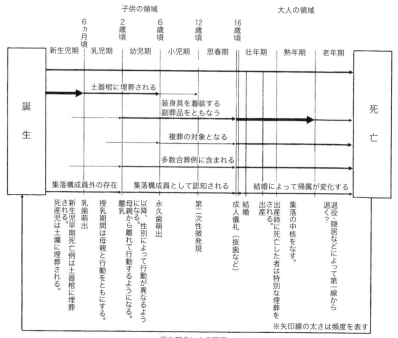

図1 縄文人のライフヒストリー（山田 2014）

このような縄文時代の人骨出土例の研究成果と，世界各地における民族事例を重ねて分析することで，縄文人の一生をある程度モデル化することができる。以下に，事例数が多く，研究も進んでいる東日本後晩期を中心としたライフヒストリーモデルを提示してみよう（図1）。

縄文人のライフヒストリー

縄文人の一生は，まず生きて産まれてくることから始まった。不幸にして死産児となった者は土坑墓に埋葬され，出産後わずかな期間でも生きながらえた者（新生児早期死亡例）は，再生を祈願されて土器棺墓に埋葬された。

無事に成長を続けたものは，その後しばらく母親と行動をともにしていたが，2歳前後に離乳すると，母親を離れて行動するようにもなり，集団生活に参加をするようになった。そして，幼児期から集団の構成員としても認知されるようになり，小玉類を中心とした首飾りや腕輪などの装身具を着装するよう

になった。おそらくこれらの装身具は，幼子の無事な成長を願った，お守りや魔除けのような意味をもったものであろう。

幼児期以降から思春期に至るまでに，次第に男子は自分の親を含む大人の男性と，女子は大人の女性と行動をともにすることが多くなり，労働力として生業活動にも参加が期待されるようになった。このころからいわゆる男女教育（性別分業や男らしさ，女らしさといったジェンダーに関する教育）が行われるようになったと思われる。また，これと関連して，年齢の近い「子供」たちとともに「年齢・性別集団」が構成されていた可能性も考えられるだろう。もし，中毒や事故などによって，血縁関係者の「大人」とともに「子供」が死亡した場合には，一緒に埋葬（合葬）された。

その後，女性の場合は初潮などの第二次性徴の発現以降，早ければ13歳くらいで，遅くとも16歳ごろには「成人儀礼」が執り行われ，地域や時期によってはその一環として上顎左右犬歯の抜歯など，「大人のしるし」として身体変工（儀礼・呪術的な理由から体の一部を意図的に傷つけたり，変形させたりすること）が施された。抜歯開始年齢からみると，男性は女性よりもやや遅れて「大人」となったようだ。また，中には抜歯が行われずに一生を終えた者も存在する。この点からみて，男女が年齢や第二次性徴の発現によって自動的に一律に「大人」になれたのではなく，一定の条件をクリアーする必要があったということが推測できる。

「成人儀礼」を境として，「子供」は「大人」として扱われるようになり，以後成人式からさほど遠くない時期に結婚する。地域によっては，結婚時にさらに抜歯が行われたようだ。例えば東海地方では，婚姻時に下顎の左右第一切歯および第二切歯を，時間をかけて除去するパターン（英語で切歯をincisorということから，これを4本除去するので4I型という）と，下顎の左右犬歯

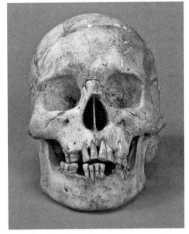

図2　2C型抜歯のある人骨（愛知県伊川津貝塚出土，複製，国立歴史民俗博物館所蔵，原品は田原市博物館所蔵）

6　縄文人の一生　51

を除去するパターン（英語で犬歯を canine ということから，これを2本除去するので2C型という。図2）があり，それぞれが異なる出身集団を表しているらしい。その後，女性は妊娠し，出産を迎えるが，出産時あるいはその前後に亡くなった妊産婦の女性は，ほかの人々とは異なった葬法で埋葬された。

「成人儀礼」以降には，社会的経験の有無や加齢・性差・地位・出自などによって規定される装身具の着装原理に基づいて，土製耳飾りや腰飾りなどの着装，抜歯や文身（いれずみ）などの身体変工が行われた。この際にもさまざまな「通過儀礼」があったことだろう。

さらに，壮年期（20歳くらいから40歳くらいまで）から熟年期には集落・集団を担う中核的な成員として活動し，老いが感じられるようになった時には，表舞台から退いていき，後進に対してさまざまな知識の伝授，指導を行ったと思われる。そして，死を迎え埋葬された時に，装身具や病歴など，それらの情報の一部が墓と人骨に残されたのであろう。

このような通過儀礼が執行された場所としては，集落の中央広場や大型住居内などのほか，大型の配石遺構，環状木柱列あるいは環状列石などの祭祀場が候補に挙げられるだろう。

縄文時代の年齢区分と性別・出自区分

これまでの親族構造などの研究をはじめとして，とかく縄文時代の社会構造の研究においては，男性と女性という性別区分（男性原理と女性原理）や，身内とヨソ者といった自身の出身集団に基づく出自区分が注目されがちであった。しかしながら，縄文時代の社会においても，私たちの社会と同様に，性別による区分とともに大人と子供の区分が存在し，さらに年齢段階による細かい区分が存在したことが明らかとされている。縄文時代の人々は成長していく過程において，性別，年齢別によってさまざまな「通過儀礼」を受け，社会的な手続きを経ながら生活を営み，一生を終えていったのである。

参考文献
山田康弘 2014『老人と子供の考古学』吉川弘文館

（山田　康弘）

7 再生を願うまつり・祖霊のまつり

土器棺墓にみる再生のまつり

　世界の民族誌の中には土器を母胎としてとらえ，再生の象徴としている場合が多く見受けられる。縄文時代においても，山梨県津金御所前遺跡出土土器のように出産の光景を文様として表現したり（図1），長野県唐渡宮遺跡出土土器のように絵として描いた土器が存在することから，土器が生命の誕生や再生の象徴である母胎としてとらえられていた可能性は高い。縄文時代の土器棺墓（土器を棺とし，その中に遺体を入れて埋葬した墓。広義には土器埋設遺構と呼ぶ。図2）には，生まれたばかりの新生児を中心とした子供が埋葬されていることがほとんどだが，これなどは母胎を象徴する土器の中に子供の遺体を返し，再生を願ったものと考えられる。また，宮城県田柄貝塚の場合では，同じ新生児の埋葬例でも土器棺に入れられたものとそうでないものが同時に存在していることからみて，土器棺墓に埋葬されるにあたっては，一定の条件が必要だったものと推察される。埋葬された新生児の遺体の成長度合いから判断して，土器棺墓は，おそらくは生きて産まれたものの，すぐに亡くなってしまった新生児早期死亡例に限って埋葬されたものと考えられる。

　また，土器埋設遺構に埋納されたのは，なにも人の子供ばかりではなかった。中には宮城県青島貝塚や福島県博毛遺跡などの事例のようにイノシシが入れられていたものもあれば，シカや堅果類など，当時の人々にとって食料となったさまざま

図1　山梨県津金御所前遺跡出土の出産文土器（北杜市教育委員会提供）

図2 宮城県田柄貝塚から検出された土器棺墓（東北歴史博物館提供）

なものが入れられ，埋められたこともわかっている。土器が母胎の象徴であり，土器棺墓が「回帰・再生の願い」を具現化する施設であったのであれば，当然ながらその「回帰・再生観念」は，当時の人々にとって「より多くあって欲しいもの」に対しても応用されたことであろう。食料など「回帰・再生して欲しいもの」を土器に入れて，これを埋設し，資源の多産・豊穣を願う祭祀を土器埋設祭祀と呼ぶ。

　そのような思想を基盤とした場合，当時の人々にとって生命を生み出す，女性の妊娠・出産とは「回帰・再生観念」を具体的に体感できる，きわめて象徴的な事象であっただろう。じつは，出産時の事故等で亡くなった女性は，すべて特殊な埋葬方法で葬られている。妊娠・出産時に母親が死亡するという「事故」は，単に一人の女性の労働力が削減されるといった物理的損失だけにとどまらず，当時の人々が有していた「回帰・再生観念」が絶たれるという，精神的にもきわめて危険な出来事であった。妊産婦が特殊な方法によって埋葬されているということは，呪術的な対応策を講じることによって，この思想的危機を乗り越えようとしたのにほかならない。

　すべてのモノが，「回帰し，再生する」のであれば，それは自然の中を大きく「循環」していることにほかならない。縄文時代には「回帰・再生・循環」という死生観が存在したと考えることができるだろう。このような死生観は，アイヌの民俗例などにみることのできる「もの送り」の思想ともリンクするものである。この世のものはすべて，あの世とこの世を循環すると考える「もの送り」の思想は，縄文時代における根本的な死生観であった。

祖霊のまつり

　縄文時代の墓には，いったんは個々の墓に埋葬した遺体を再び掘り起こし，何十体もの遺体（おそらくは死者の記憶が残っている人々で，自分を含めて三世代以内の人々）を1ヵ所の墓に再埋葬したものが存在する。これを多数合葬・複葬墓と呼ぶ。埋葬された回数が複数に及ぶことから，複葬と呼ばれる。事例としては全国の全時期に存在するが，特に関東地方の貝塚分布地域にしばしばみることができる。中でも茨城県中妻貝塚の事例は，1つの墓穴に96体もの遺体が合葬されており，おそらく縄文時代最大の合葬例であろう（図3）。

　この地域において多数合葬・複葬が行われたのは，縄文時代後期前葉（約4200年前）の時期にほぼ限定されることがわかっている。ちょうどこのころ，関東地方の集落には大きな変化が起こる。それは，中期にみられた大型の集落は，中期末から後期初頭における気候の冷涼化などによって解体し，いったん少人数ごとに散らばって居住する小規模な集落へと変化し，その後，後期の前葉になって気候が温かくなると人々は再度参集し，再び大型の集落が形成されるようになる，というものである。このようなきわめて大きな変化があった中で，多数合葬・複葬はちょうど大型集落の再形成が行われた時期につくられるのである。このため，多数合葬・複葬例は集団を再統合する際の儀礼として執り行われたものと考えられている。また，多数合葬・複葬墓には往々にして柱が立てられており，また墓域内においても特別な場所につくられていることから，おそらくは集団統合の象徴のモニュ

図3　茨城県中妻貝塚から検出された多数合葬・複葬例（取手市教育委員会提供）

メントとされたと推定される。

　中妻貝塚の場合は，墓穴の壁に沿って小型の柱穴がいくつも存在し，なにかしらの上部構造があったことが推定できる。また，まだ骨が関節している状態の遺体もあれば，すでに骨化し，バラバラとなっている遺体もあり，これらが一緒に埋葬されていた。おそらくこのようなモニュメントでは，死亡時期は異なるものの，自分たちと直接関係のあった人々を対象として再埋葬し，これを先祖として祀っていたのだろう。

　多数の死者を祀ったモニュメントにおいて行われた，多くの人々が集う祭祀は，現在のお盆などの集まりをみてもわかるように，おそらく共飲共食などを伴い，帰属集団内の紐帯を強化したと思われる。そして，それは集団統合の象徴として，当初は直接的な先祖を祀ることから，時間が経過し次世代が育ってくるにしたがい，次第に不特定多数を祀る祖霊祭祀へと移行していったことであろう。このような祖霊祭祀は，自分たちが先祖代々つながってきているという歴史的・系譜的な考え方を，当時の人々がもっていないと成立しない。したがって，縄文時代には，系譜的な観点を重視する死生観が存在したと思われる。

　また，中妻貝塚の事例では，血縁関係が示唆される個体が多く含まれていることが指摘されているものの，墓穴内の人骨（頭蓋）は，このような血縁関係に留意して埋葬されてはいなかったこともわかっている。むしろ，わざとバラバラの位置に置かれた可能性すら存在し，このことは個々の人骨の「個人的記憶」や「社会的記憶」を考慮することなく，一括して埋葬されたことを意味している。これなどは意図的に「個人的記憶」や「社会的記憶」を喪失させる行為と考えることができるかもしれない。

　中妻貝塚などにおける多数合葬・複葬例のあり方は，京都府伊賀寺遺跡の墓（遺構に付けられた番号からSK03と呼ばれている）のような事例とよく似ている。伊賀寺遺跡SK03の場合，人骨が他所で焼かれて墓内に埋葬されたのだが，この場合は人骨がすべて一括されており，「個人的記憶」や「社会的記憶」には一切配慮がされていなかった。このような状況は，11体もの焼いた人骨を一括して炉状配石遺構の中に埋納した新潟県寺地遺跡の炉状配石における焼人骨のあり方や，焼いた人骨を砕いて撒布した群馬県深沢遺跡の配石遺構にお

ける人骨のあり方とも類似する。これらの事例は，死者の「個人的記憶」や「社会的記憶」を消失させる，祖霊化のための埋葬・祭祀行為と位置づけることができるだろう（設楽 2008）。

　系譜的観点を重視するような祖霊祭祀を行うためには，それに見合った規模の施設が必要とされた。山梨県金生(きんせい)遺跡や群馬県天神原(てんじんばら)遺跡，新潟県寺地遺跡，群馬県深沢(ふかさわ)遺跡の大型配石遺構は，そのような舞台として考えることができる。秋田県大湯(おおゆ)の万座(まんざ)・野中堂(のなかどう)環状列石，青森県小牧野(こまきの)遺跡の環状列石なども，これにあてはまるだろう。

縄文時代の2つの死生観

　縄文時代には「回帰・再生・循環」といういわば円運動をする「円環的死生観」と，自身の歴史的立ち位置を直線的にとらえる「系譜的死生観」の2つが存在した。一見相反する2つの死生観であるが，大きな円環のごく一部をミクロに取り出せば，それは1つの直線として表現することができる。その意味では，この2つの死生観は同根と考えることができる。縄文時代の人々は，この2つの死生観を自然の中に投影し，そのもとで生き，そして死んでいったのである（山田 2015）。

参考文献
設楽博己 2008『弥生再葬墓と社会』塙書房
山田康弘 2015『つくられた縄文時代―日本文化の原像を探る―』新潮選書

（山田　康弘）

コラム①

縄文人ってどんな人？

縄文時代の主人公の姿

縄文人の姿形については，これまでに出土した人骨から以下の点が知られている（図1）。

1　丸顔である。
2　彫りが深く，鼻が高い。人骨の顔面はしかめ面で，エラが張っている。
3　眼球が入る部位のことを眼窩というが，ここが横長の長方形で，この外側の縁がやや下に下がっており，若干「たれ目」にみえる。
4　眉毛の上あたりのやや出っ張った部分を眉上弓と呼ぶ。ここの形が現代人では丸みをおびて，弓のような形状となっているが，縄文人はこの部分が直線的である。
5　上下の歯の嚙み合わせが，爪切りのようである。また，狩猟採集民にしては虫歯が多く，デンプン質の食物を多く摂取していたと推定される。
6　これまで，縄文人の男性の平均身長は158 cmくらいとされてきたが，全身骨格を復元した最近の研究では男性の平均身長が162 cm，女性で149 cmを超えていたとも考えられている。
7　縄文時代の人々の平均的な寿命は，出土した人骨の年齢層からみて，大体50～60歳くらいの熟年期段階にあったと思われる。一方で，新生児など小さな子供の死亡率は高かったようで，新生児の墓と思われる土器埋設遺構（土器棺墓）が，しばしば遺跡から検出される。新生児から小児期段階にまで生存できた人はおよそ半分程度ではなかったかとの推定もあり，大人になるまでには，多くの苦労が存在したようだ。
8　小柄だが，体つきはたくましかった。各部の筋肉が発達していたようで，特に大腿骨は裏側に割箸を縦に貼付けたような断面になっている。こ

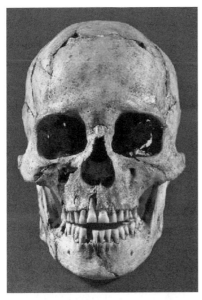

図1 縄文人の頭蓋(宮城県田柄貝塚,東北歴史博物館提供)

図2 縄文人の復元画(石井礼子画,国立歴史民俗博物館所蔵)

れをピラステル(柱状)構造といい,脚部の筋肉が特に発達していたことを物語るものである。

縄文人の復原図

博物館や図録などで,よく縄文人の顔の復元や復元想像図を見かけることがあるが(図2),人骨の形そのものからでは,太っていたのか,やせていたのか,一重まぶたか二重か,ひげが濃かったのかといった軟部組織に関わる情報はわからない。そこでアイヌの人々など,縄文人とも遺伝的に近い人々をモデルとして想像して復元していることが多い。最近ではDNAの情報から目の色が茶色であった,あるいは髪の毛がやや「くせ毛」であったといった情報がわかってきているが,まだ想像による部分も多く,顔の復元像が必ずしも正しいとは限らないことに注意していただきたい。

(山田 康弘)

コラム②

縄文人とイヌ

縄文時代唯一の家畜

　現在までの研究上の知見による限り，縄文時代において飼育されていたことが確実な動物は，イヌのみである（図1）。これを裏付ける証拠は，イヌの埋葬例の存在である。イヌが埋葬されている以上，そこには何らかの人との社会的な関係性が生じており，それが飼育に起因すると考えることは，あながち無理なことではないだろう。

　縄文時代のイヌは，大体現在の柴犬程度の大きさであり，頭部から鼻先までの吻(ふん)のラインが直線的で，現在のイヌよりも顔が長く見える。

　年代的にも確実な日本最古のイヌの事例として認められているのが，神奈川県夏島(なつしま)貝塚と愛媛県上黒岩岩陰(かみくろいわいわかげ)遺跡，佐賀県東名(ひがしみょう)遺跡の各遺跡から出土した縄文時代早期の事例である。とくにイヌの埋葬例もこの時期までさかのぼることから，すでにイヌが人と社会的な関係を取り結んでいたことがわかる。

　縄文時代のイヌの埋葬例は全国から約120例が見つかっているが，特に後晩期の東北地方や東海地方の貝塚に多く，この地域におけるイヌの利用が盛んであったことをうかがわせる。とくに宮城県田柄(たがら)貝塚からは，22例のイヌの埋葬が確認されている（図2）。

　世界的にみて，イヌが埋葬され

図1　復元された縄文犬（国立歴史民俗博物館所蔵）

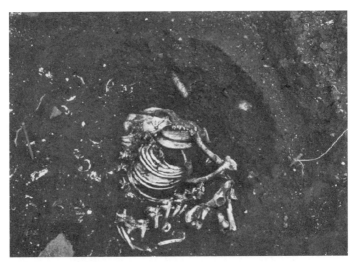

図2 イヌの埋葬例（宮城県田柄貝塚，東北歴史博物館提供）

た事例は普遍的に見られるものではなく，日本の歴史においても，縄文時代に続く弥生時代や，北海道の続縄文文化には，イヌの埋葬例はほとんど確認されていない。これは，弥生時代や続縄文時代のイヌが食料とされたこととも関係があるのだろう。縄文時代と弥生時代以降とでは，人とイヌとの関係性が異なっていたといえる。

イヌの用途と飼育形態

人に近接するイヌの埋葬例を検討したところ，大人の男性に近接して埋葬されていたものが多かった。このことから，生前に男性とイヌが密接な関係をもっていたと考えられる。世界の民族事例における性別分業のあり方を参考にし，男性とイヌがともに関与しうる生業形態を考えると，当時のイヌはやはり猟犬としての役割が高かったと推定できるだろう。また，イヌは人の墓域内（埋葬小群中）に埋葬されていることも多い。人の墓が集まって群在化している地点のことを埋葬小群と呼ぶが，これは当時の家族や世帯構成員の埋葬地点であると思われる。そこにイヌが埋葬されているということは，イヌが家族や世帯によって飼育されていたと考えられるだろう。また，イヌ同士の合葬例も存在することから，イヌは世帯によって複数が飼育されていたと思われる。

呪術に利用されたイヌ

 このほか，イヌが呪術的な役割を果たしていたと考えられる事例が存在する。愛知県吉胡貝塚では，特殊な女性埋葬例の四隅にイヌが埋葬されていた。同じ愛知県の伊川津貝塚からも同様の事例が検出されている。また，宮城県前浜貝塚の事例では，妊産婦と思われる女性の顔面にイヌが置かれていた事例があるし，千葉県木戸作貝塚では，女性の埋葬例に切断されたイヌの下顎骨が副葬されていた。

 これらのイヌの出土例は単に猟犬であったとするだけでは割り切れないものであり，出土状況から察してその役割には呪術的なものがあったと判断される。事例的には少ないが，共通するのはイヌが女性に伴出することが多いという点である。猟犬として男性とのつながりがあった以外に，呪術的な部分で女性とのつながりがあったということがわかる。イヌの用途は，愛玩用，猟犬，番犬のほか，呪術的なものも存在するなど，かなり多岐にわたったと考えられよう。

参考文献
内山幸子 2014『イヌの考古学』同成社
山田康弘 1997「縄文家犬用途論」『動物考古学』8号

(山田　康弘)

Ⅲ　弥生時代

1 弥生時代のはじまりを探る

　皆さんは，日本列島の先史時代の2番目が縄文時代，3番目が弥生時代であることをご存じと思うが，それは九州・本州・四国という地域，沖縄の言葉を借りればヤマトの地域に限った時代である。北海道は九州北部で水田稲作が始まってからおよそ600年後に続縄文文化の段階に入り，奄美・沖縄は，およそ300〜500年後に貝塚後期文化の段階に入る。したがってこのテーマは，本州・四国・九州に限った話になる。

　「弥生」という言葉は，はじめて弥生土器が見つかった地名に由来し，土器の文様に由来する「縄文」，遺跡の種類に由来する「古墳」，石器の種類に由来する「旧石器」，都がおかれた「奈良」などとは異なる珍しい時代名である。

　「弥生の月」ともいう3月は春の訪れを告げる月でもあり，コメ作りが始まる季節でもあることと相まって，「弥生時代」という時代名は稲作と容易に結びつくので，ぴったりの時代名称である。

　では縄文時代と弥生時代を分ける指標がどのように変化してきたのかを見ていくことにしよう。

「弥生式土器の時代」の上限を追求する段階

　1884（明治17）年に東京帝国大学農学部で見つかった壺が，当時知られていた石器時代の土器（今の縄文土器）の仲間なのか，祝部(いわいべ)土器（今の土師(はじ)器）の仲間なのかの論争を経て，後者の仲間であることが確定する。当時，祝部土器は高塚古墳を作った天皇家の祖先が使った土器であり，稲作を行い，鉄器を使う人びとの土器であった。一方，石器時代の土器は農業も行わず鉄器も使わない先住民の土器と考えられていたので，弥生式土器は現代日本人につながるご先祖様の土器として位置づけられたのである。

20世紀に入ると弥生式土器にコメや金属器が伴うことが確認されるようになり、弥生式土器は石器のみを使って農業を行う時代から、鉄器のみを使って農業を行う時代までまたがって使われていたと考えられた。すなわち石器時代と鉄器時代の中間土器、金石併用期の土器と認識されることになったのである。

図1　福岡市板付遺跡の弥生土器（板付Ⅰ式，福岡市埋蔵文化財センター所蔵）

一方、1930年代になると日本の歴史を唯物史観によって体系化する動きが始まり、縄文式土器の時代は狩猟・採集の獲得経済の時代、弥生式土器の時代は農業を行う生産経済の時代、という整理が進んだ。現在の教科書に書かれている基本的枠組みは、この時から始まったのである。

当時の弥生式土器は前期、中期、後期の3つに分かれ、奈良県唐古遺跡の調査によって前期にはすでに鉄器が存在し、水田稲作が行われていたことが明らかになっていた。

その後、研究者たちの関心は、前期のどこから農業が始まって鉄器が出現するのかに移る。1940年代には山内清男が最後の縄文式土器である隆帯文土器、現在の突帯文土器にあたる土器を設定していたので、突帯文土器に直続する弥生式土器が最古の弥生式土器になり、それを見つければ弥生式土器の時代の最も古い時期を確定することができる。このことからわかるように縄文時代と弥生時代とを分ける指標は最古の弥生式土器の出現であった。

九州北部の研究者は、戦前より突帯文土器と九州の前期弥生式土器である遠賀川式土器が混在して出土することを知っていたため、両者がともに見つかる遺跡の発掘調査の機会を探っていた。

1950年代、福岡市板付遺跡で最後の縄文式土器である突帯文土器と共伴する遠賀川式土器が確認され、ここに最古の弥生式土器である板付Ⅰ式土器が設

定された。板付Ⅰ式土器には農業も鉄器も伴うことが確認されたので,弥生時代はその当初から鉄器を使った水田稲作が行われていたことが明らかになったのである。同時に石器のみを使って農業を行う時代はなかったことになるので,弥生式土器はその当初から金石併用期の土器と認識されることになる。

弥生式土器の時代から水田稲作の時代へ

　板付遺跡の調査によって,弥生時代の最初から弥生式土器・農業・鉄器がそろっていたことがわかったので,この3つが弥生時代の三大要素として認識されることになる。

　最後の縄文式土器である突帯文土器と最古の弥生式土器である板付Ⅰ式土器は,見た目がまったく異なっていて違いが明らかだったため,弥生時代のはじまりを土器を指標に容易に認識できた。しかし最後の弥生式土器と最古の土師器との間には型式学的な差違を認めがたいことから,古墳時代のはじまりを土器から識別することが難しくなっていた。

　佐原真は土器で時代を区分するのではなく,水田稲作や前方後円墳など,そ

図2　板付遺跡で見つかった水田と取排水溝の復元図（福岡市埋蔵文化財センター所蔵）

の時代の特徴を明確に表す考古資料で区分することを提案し，弥生時代を水田稲作中心の暮らしが始まった時代と認定するとともに，弥生時代の土器が弥生土器である，というパラダイム転換を行った（佐原 1975）。これ以降，縄文時代から弥生時代への転換は，採集経済の時代から生産経済の時代への転換へという経済的指標の変化としてとらえられるようになる。

　当初，この提言は単なる定義の問題としてとらえられたが，これが時代区分論争を引き起こすきっかけになるとは，佐原自身も想像していなかった。

　1978（昭和53）年から始まった板付遺跡の調査では，最後の縄文土器である突帯文土器に伴う定型化した水田が見つかり，また福岡県曲り田遺跡では同じ時期の鉄器も見つかった。佐原は自身の先の定義にしたがい，縄文晩期最終末を弥生時代に組み入れ，弥生先Ｉ期，今の弥生早期を設定したのである（佐原 1982）。ここに弥生土器の時代だった弥生時代は，水田稲作を中心とする暮らしが始まった時代となり，これまで最後の縄文土器であった土器も弥生時代最古の土器となった。土器という技術的な要素による区分から，水田稲作という経済的な要素による区分に変わったのである。

　最終末の縄文土器が最古の弥生土器になっても，水田稲作や鉄器もこの段階までさかのぼったため，弥生時代の三大要素が当初からそろっていること自体に変更はなかったのである。

縄文・弥生の時代区分の今後

　2003年，歴博年代研究グループは，日本の水田稲作は紀元前10世紀に始まったという説を発表した。最古の水田に伴う弥生土器に付着したススなどの炭化物を，AMS—炭素14年代測定した結果，導き出されたものである。この結果，水田稲作のはじまりは500年ほどさかのぼることになったが，中国でもまだ普及していなかった鉄器が紀元前10世紀の日本列島にあったとは考えられないため，紀元前10世紀説に対する反対の声が上がった。

　しかし弥生早・前期に属すると考えられていたすべての鉄器が再検討された結果，時期が確実な最も古い鉄器は前期末にならないと現れないことがわかった。つまり弥生時代の三大要素のうち，弥生土器と農業は弥生時代の当初から存在していたが，鉄器だけは水田稲作が始まってから約600年後に出現するこ

とがわかったのである。

　ここに弥生時代は石器だけの時代と鉄器など金属器が出てくる時代の2つに大きく分かれることとなり，森岡秀人はこの状態を「新石器」弥生時代から「金属器」弥生時代へ，と表現した（森岡2007）。

　紀元前4世紀に出現した鋳造鉄で作られた鉄斧は木製品の細部加工などに使われる程度で，利器の主流はあくまでも石器であり，鉄器は石器の補完的役割にすぎなかった。しかし紀元前2世紀になると，九州北部では石器から鉄器へと転換が進み，鍛造鉄で作られた打鍬と呼ばれる開墾具が発達して，紀元後1世紀には石庖丁を除いてほぼ鉄器化することがわかっている。九州北部の弥生時代を利器の材質で分けると，紀元前10〜前5世紀までの石器時代，紀元前4〜前2世紀の初期鉄器時代，前2世紀以降の鉄器時代と推移することになる。

　ここまで来ると，九州北部の弥生時代の区分に関しては朝鮮半島南部の紀元前1千年紀の時代区分とほぼ同じということになり，弥生時代を世界史の中で相対化することも可能となってくる。

参考文献

佐原真 1975「農業の開始と階級社会の形成」『岩波講座日本歴史』1，岩波書店
佐原真 1982『弥生土器Ⅰ・Ⅱ』ニューサイエンス社
藤尾慎一郎 2015『弥生時代の歴史』講談社現代新書
森岡秀人 2007「弥生時代の中にみられる画期」『季刊考古学』100，雄山閣

（藤尾慎一郎）

2　相続と格差の発生

　紀元前10世紀後半に始まった水田稲作は,人びとの暮らしをこれまでの縄文時代の暮らしとは違ったものに少しずつ変えていった。採集狩猟生活を生業とする社会と,水田稲作を主な生業とする農耕社会とは何が違うのか。農耕社会になって現れる,新たな社会の変化として,戦いのはじまりと格差の出現を取り上げ,この問題に迫ってみることにする。

環濠集落の成立

　水田稲作が始まってから100年ほどたった紀元前9世紀中ごろ,むらの周りに深い壕を巡らす,環濠集落と呼ばれる独特の形態をもつむらが成立する。

　福岡市博多区,アサヒビールの工場脇にある遺跡から,日本で最も古い環濠集落が見つかった。那珂遺跡第37次調査である。深さ約2m,幅5～6mの断面V字形の壕を二重に,ほぼ円形に巡らせたもので,推定規模は外径が150mを超えていたと推定されている。壕の内部はかなり削平されていたので,竪穴住居や貯蔵用の穴があったのかどうかは不明だが,水田稲作を行う人びとの暮らしがあったことは間違いない。

　環濠集落は,水田稲作が始まってしばらくたってから成立することから,生産力が上がることによって社会が質的に変化し,それまでの採集狩猟社会とは大きく異なるものになっていると考えられており,農耕社会が成立したことを示す考古学的な証拠と考えられている。

　東アジアでは約7000年前の中国黄河流域の仰韶遺跡が最古で,朝鮮半島南部では紀元前10世紀前半に成立する。仰韶遺跡の人びとはアワの畑作を生業とする人びとと,朝鮮半島南部は水田稲作を生業とする人びととという違いはあるが,環濠集落はいずれも本格的な農業の開始に伴って成立している。

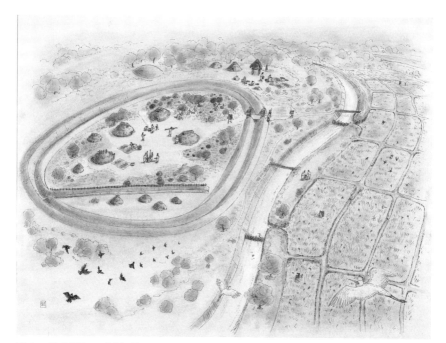

図1 日本最初の農村（福岡市板付遺跡，早川和子画，国立歴史民俗博物館所蔵）

　九州北部で紀元前9世紀中ごろに成立した環濠集落は，紀元前6世紀までには伊勢湾沿岸に，紀元前3世紀中ごろには関東南部，紀元後には日本海側の新潟県村上市山元遺跡まで到達して北限となる。南限は，鹿児島県志布志市にある紀元前3世紀中ごろの西ノ丸遺跡である。
　しかし不思議なことに，栃木・茨城などの北関東，東北地方などでは，水田稲作を行っているにもかかわらず，環濠集落が成立しない。これらの地域では，西日本に引けをとらないほどの水田稲作を行っていても，農耕社会が成立するまでの社会の質的変化が起こらなかったと考えられている。あとで述べる社会の格差も顕著でない社会であった可能性がある。
　図1は，福岡市板付遺跡で見つかったむらの推定復元画で，上が南である。二重の壕に囲まれた平面が卵形の環濠集落で，内壕の長径は約110mに達する。むらの出入口は西南隅に1ヵ所だけで，この先には水田が広がっている。
　壕で囲まれた内部はかなり削られていたため，貯蔵用に掘られた深い穴であ

る貯蔵穴しか見つからなかったことから，竪穴住居をもたない，貯蔵施設を守るための環壕と考える研究者もいる。ここでは福岡市教育委員会の復元案にしたがって，竪穴住居を複数描いている。

環壕の北西隅にも貯蔵穴があり，弦状弧(げんじょうこ)と呼ばれる直線に伸びる溝で区画されている。住居ごとに付属する貯蔵穴とは異なり，むら全体のものを貯蔵するための区画だったのであろうか。

水田へと至る手前には幹線水路が南から北に向かって流れ，この幹線水路から堰(せき)を使って田んぼに水を入れる。ここでは一区画が300 m² もある大区画の水田が造られていたことがわかっている。

このようにして水田稲作が継続されていくわけだが，環壕集落には，むらの中に格差が生じていることがわかる証拠があるので，次にそれをみていくことにする。

戦いのはじまりと格差の出現

縄文人は武器を持っていなかった。もちろん人を殺せる道具はあったが，もともと人を殺(あや)める目的で作られた道具を，縄文人は持っていなかったのに対し，武器も，どういう場合に武器を用いて戦うのかという仕組みも，水田稲作とともに，朝鮮半島南部からはいってきた。

しかし実際に戦いが行われたことを示す証拠の1つである，武器によって殺められた人の墓が見つかるのは，環壕集落が出てくる紀元前9世紀中ごろからのことである。当時の戦いの原因は，水田稲作を行っていく上で重要な水や土地をめぐるものであったと考えられる。話し合いで解決がつかないときには，戦いによって決着をつけるという政治的な手段として，水田稲作とともにはいってきたのであろう。

武器を取って戦うことで水田稲作を行う上で有利な条件を手に入れた集団と，不利な条件のもとにいる集団との間には，生産力の差，人口の差など，格差が生じることになる。

富めるものの存在を物語るのは，舶来の宝物を副葬品としてもつ人びとの存在である。当時の朝鮮海峡を挟んだ両地域には，共通する習俗のあったことが認められている。墓に朝鮮系磨製石剣(ませいせっけん)，朝鮮系の磨製の矢尻(やじり)，小壺のセットを

図2　雑餉隈遺跡で見つかった副葬品（福岡市埋蔵文化財センター所蔵）

副葬品として納めるのである。当時の朝鮮半島には青銅製の剣をもつ者もいたが，九州北部では石製の剣しか見つかっていない。図2に示した福岡市南区雑餉隈（ざっしょのくま）遺跡では，こうした副葬品をもつ木棺墓が複数見つかっており，朝鮮半島南部と共通した習俗が採用されていたことがわかる。

　またこうした親の世代における持つ者と持たざる者という格差は子供にも継承されていた。図1の環壕集落の手前に，木立とは異なる土盛が4つほど描かれているのがおわかりであろうか。紀元前8世紀代の子供用の壺棺（つぼかん）が葬られているのだが，むらの中心から近い所に葬られた子供たちは管玉（くだたま）などの副葬品をもっていた。さらに，むらから離れたところに葬られた子供たち（図の範囲外）が副葬品をもっていなかったこととは対照的である。

　つまり親の格差は子供にも相続されたのである。現代でも大きな問題である格差の固定化は，実はおよそ2800年前からすでに始まっていたことがわかるのである。

参考文献
藤尾慎一郎 2015『弥生時代の歴史』講談社現代新書

（藤尾慎一郎）

3　日本最古のイエネコ

　今，空前のネコブームだという。日本歴史にネコが登場するのは，長い間，平安時代以降が通説になっていたが，ここのところ，古墳時代以前にネコが存在していた証拠がいくつか見つかっている。縄文時代にオオヤマネコという野生のネコ科動物が生きていたことは知られていたが，今回，紹介するのは日本最古のイエネコか，という話である。

　歴博では，総合展示第1室リニューアルにあわせて，大人と子供のネコの実大模型を作り，弥生時代の高床倉庫のコーナーに展示することにした。弥生時代のイエネコ（？）をどのようにして復元したのかも含めて，紹介する。

弥生時代のイエネコ（？）の考古学的証拠

　長崎県壱岐。魏志倭人伝の一支国として有名な島の北西部にあるカラカミ遺跡から，弥生時代中期のネコの骨が見つかった（図1）。伴った土器は，須玖Ⅱ式土器と呼ばれている中期後半の土器である。骨は，成獣が1匹分，仔ネコが2匹分であった。クビ，骨盤，手足の骨が主で，成獣の骨は前足のみ，あとは仔ネコの骨である。骨を炭素14年代測定した結果，2140 ± 25 ^{14}C BP という炭素14年代が得られている。紀元前3〜前2世紀に相当する。

　骨を調査した奈良文化財研究所の納屋内高史と松井章は，現状で日本最古のイエネコと考えている。本来なら DNA 鑑定を行わなければ確定できないのだが，状況証拠からみてそのような結論に達している。まず問題になるのは，壱岐島の北にある対馬に生息する国の天然記念物であるツシマヤマネコなど，野生のヤマネコの可能性はないのかという点である。

　ツシマヤマネコが弥生人のむらの近くを親子でうろついていたとは考えにくいし，朝鮮半島南部にある慶南金海市会峴里貝塚から，時期や出土状況はは

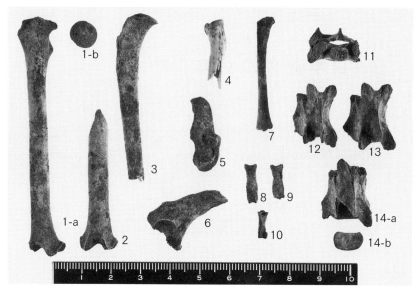

図1 最古のネコの骨（壱岐市教育委員会所蔵，奈良文化財研究所提供）
1-a 大腿骨（右），1-b 骨頭（未化骨），2 大腿骨（右），3 脛骨，4 ぎょう骨，5 踵骨，6 寛骨，7 中足骨，8・9 基節骨，10 中節骨，11 仙骨，12〜14-a 椎体，14b 椎体（未化骨）

っきりしないものの，イエネコの骨が見つかっていることなどから，朝鮮半島南部からもたらされていたとしてもおかしくはない。

なお，見つかった骨には，食用時の明確な解体痕は見つかっていない。

弥生時代のイエネコの復元

復元に挑んだのは国立歴史民俗博物館の上奈穂美（かみなおみ）と東京大学総合研究博物館の遠藤秀紀である（渋谷・上 2016：32-35頁）。ポイントはサイズ，外形（頭部・尾・耳の形，眼色），毛なみなどである。まずサイズは，出土した骨が現生ネコよりやや小さかったことから，標準のネコよりやや小さめのシャム等のサイズを参考にしてある。最も難しかったのは毛がらである。まず古代中国（唐（とう）代）や古代エジプトの彩色された土・石製品を参考に短毛種とした。次に唐代の絵を参考に，母ネコを白黒斑（ブチ）に。その母親から生まれた仔ネコの毛がらは，遺伝的には白混じりのキジ白の方が出やすいという遠藤の意見を参考にした。全体的な印象は歴博周辺にいる地域ネコ（去勢・避妊手術を施し，地域

全体で見守られているノラネコ）にあわせている。図2は展示場での演示方法を暗示するものである（実際の展示はぜひ歴博でご覧ください）。

世界のイエネコの歴史

　農業が始まり，蓄えたコメやムギなどの穀物をネズミから守るために，ネコが飼われるようになった可能性がある。ノラネコが飼われていたことを示す最も古い例は，今から9500年前のキプロスで見つかっている。人とともに埋葬されていた若い大形のネコである。

　紀元前2000年ごろの古代エジプトでは盛んに飼われるようになったといわれているイエネコ。その起源は，小形のリビヤヤマネコにあると考えられている。紀元前1000年ごろには，女神バステト神への捧げ物とされたり，ミイラとして埋葬されたりする例もあった。

図2　復元したイエネコ（紀元前3〜前2世紀，国立歴史民俗博物館所蔵）

　アジアでは漢代には存在していた可能性があり，これまでは先述したように中国から経典を守るために遣唐使船に乗せられたネコが，日本のイエネコのはじまりと考えられてきた。

日本列島のイエネコの歴史

　縄文時代には，草創期から晩期にかけて19の遺跡からオオヤマネコが断片的に見つかっている。オオヤマネコはイエネコとは別系統で，イエネコに比べるとはるかに大きく，簡単に区別できるという。19例はすべて成獣のようだが，千葉県馬場遺跡で見つかった後期から晩期にかけて使用された井戸からは，ほぼ1個体分のオオヤマネコの幼獣の骨が見つかっている。乳歯の状態からみて生後1ヵ月の仔ネコである。報告者は，母ネコを捕獲した縄文人が一緒に連れ帰って，一定期間，飼われていた可能性について指摘しているので，その意味では日本初の飼われたネコは，オオヤマネコの子どもであったともいえ

るだろう。しかし，別系統のイエネコの飼いネコの可能性があるのはカラカミ例が今のところ，日本最古の例である。

　また兵庫県姫路市美野古墳群の横穴式石室から出土した須恵器の坏の内側に，ネコの肉球がついていることが確認されている。須恵器を作る古墳時代の工房をネコがうろついていたことを物語っている。

　先述したようにカラカミ遺跡から見つかった骨がイエネコかどうかの最終判断はDNA調査にかかっているが，現状では調査ができない状態である。しかし，奈良文化財研究所では，当時朝鮮半島南部で飼われていたイエネコが，壱岐や九州北部に移入された可能性を考えている。野生のヤマネコの幼獣を狩猟して捨てたと考えるよりも，朝鮮半島との交易によってイエネコが移入され，カラカミ遺跡で飼われていたと考えるほうが自然だからだろう。

　高床倉庫のネズミ返しで撃退できなかったネズミも，倉庫の入り口でくつろぐ親ネコや，階段で遊んでいる仔ネコの目をかいくぐって倉庫に侵入し，穀物類を食い荒らす可能性はほとんどないだろう。

　縄文時代以降，狩猟のパートナーであったイヌに対し，倉庫番としてのイエネコの飼育は少なくとも弥生時代の中ごろには存在した。たとえ，人様に喜ばれようと思ってネズミを捕っていたわけではないネコは，自由気ままな生活を維持できる環境として人間にすり寄ってきたのかも知れない。

参考文献
渋谷綾子・上奈穂美 2016「国立歴史民俗博物館総合展示第1室（原始・古代）の新構築事業」『国立歴史民俗博物館研究報告』201
藤尾慎一郎編著 2014『弥生ってなに?!』（企画展示図録），国立歴史民俗博物館

（藤尾慎一郎）

4　平和な農村から戦う弥生人へ

　皆さんが習った教科書に載っていた弥生時代の遺跡は，静岡県登呂遺跡か，それとも佐賀県吉野ヶ里遺跡か。筆者も含め，昭和世代はまず，登呂遺跡の水田や倉庫の写真が載る教科書を使っていたはずである。しかし筆者の娘など平成世代は，壕で囲まれた吉野ヶ里の環壕集落か，甕棺に葬られた首のない人骨が載る教科書を使っている。現在の教科書はまず後者だ。登呂と吉野ヶ里，この2つの写真から想像できる弥生時代のイメージはまったく異なっている。

　豊穣と平和な農村という登呂遺跡，かたや守りを固めた殺伐としたむらという吉野ヶ里遺跡。平和と戦争という，正反対の2つのイメージで語られる弥生時代，果たしてどちらが正しいのであろうか。ここで解き明かしてみよう。

　まず登呂遺跡の調査が行われた昭和の弥生像をみてみることにしよう。

平和な農村—静岡市登呂遺跡

　登呂遺跡は，静岡市駿河区に所在する弥生後期から古墳前期にかけてのおよそ300年間にわたって，何度も洪水にあいながらも水田稲作を行い続けた遺跡である。静岡駅の南南東約2km，海岸から約1.5kmにあり，安倍川と藁科川が造った扇状地である静岡平野の扇端部，標高6mに立地する。

　登呂遺跡は，まだ太平洋戦争のまっただ中，1943（昭和18）年1月に，住友軽金属が戦闘機のプロペラ工場を造るための建設予定地で発見された。戦時中ではあったが，その年の8〜9月に第1次調査が行われた。

　戦後，4回にわたって調査が行われた結果，1952年に特別史跡に指定される。1965年には，東名高速道路建設に伴う調査で，水田域がさらに南まで広がっていることが確認されている。

　その結果，弥生後期の水田と居住域がセットで見つかった初めての遺跡とし

図1　静岡市登呂遺跡（筆者撮影）

て，矢板で囲まれた水路をもつ水田跡や周堤と呼ばれる盛土を巡らせた平地式住居の写真が教科書に掲載された。

しかし1999〜2003年に行われた再調査の結果，これまでとはまったく異なる遺跡像が明らかになるのである。

まずは従来の登呂遺跡のイメージを簡単に述べておこう。

登呂遺跡は，日本でコメ作りが始まった弥生時代の後期の遺跡で，安倍川に近い微高地上に立地する。周囲には森林があり，安倍川の支流，登呂川が流れる湿地上の居住域には12軒の住居と2軒の倉庫が配置され，その南には「中央水路」と杭や矢板で護岸された畦によって大区画された32枚の水田（湿田）が営まれていた。有東遺跡から分村して成立した登呂遺跡は，短期間（土器一型式の使用期間）で安倍川の洪水によって埋没してしまった。

このような登呂遺跡のイメージは，1999年から行われた調査で，有東遺跡との関係，存続期間，洪水の規模，周辺環境，水田の種類などが，大きく変更されることになるが，まさに再調査が行われていたころ，九州では吉野ヶ里遺跡フィーバーが起こっていたのである。

登呂遺跡の研究上の意義は，弥生時代の水田跡が初めて見つかったことと，

戦争で打ちひしがれた国民の前に，2000年前の平和な農村の姿を見せつけたことにある。人びとは2000年前の平和な世の中に，平和憲法の下，戦争を放棄して発展していく戦後日本の姿を投影することができたのである。

登呂遺跡の周辺には，カシとシイの照葉樹とスギなどの針葉樹からなる二次林が広がっており，樹齢70年以下のスギやカシ類が意識的に残されていた。また二次林だけでなく，少し乾燥した湿地が広がっていたこともわかった。住居の周溝は糞尿で汚染されており，寄生虫の卵なども見つかっている。

水田は盛土畦畔（けいはん）によって大区画され，内部を小畦畔によって区切られた小区画水田であった。腰まで沈むような深田ではなく，むしろ，湧水や地下水のしみ出した水を水路に集めることで，居住域の地下水位を低下させ，集めた水を水田域で利用していた。

登呂川の氾濫による洪水ではなく，削平作用の弱い洪水によって遺跡全体が洪水堆積土に覆われ，その上にまた居住域が造られることもあった。しかしその後の大洪水で，2度と居住域が造られることはなく，全面が水田として利用されることになる（藤尾2019）。

戦いに明け暮れたむら―佐賀県吉野ヶ里遺跡

吉野ヶ里遺跡が見つかるまでの九州には，大阪府池上（いけがみ）遺跡や奈良県唐古（からこ）・鍵（かぎ）遺跡で見つかっているような，径が何百mもあるような大形の環濠集落が見つかっていなかったことから，九州北部には貯蔵穴の周りを径100m程度の壕で囲む，貯蔵穴型環濠集落しか存在しないという声も多かった。

吉野ヶ里遺跡を最も有名にしたのは，「ここから邪馬台国（やまたいこく）が見える」といったマスコミ受けする佐原真（さはらまこと）の発言だったが，考古学的には環濠集落や後述する戦いの問題の方が重要であったのである。

吉野ヶ里遺跡では2000基近くの甕棺墓が発掘され，中から殺傷痕をもつ人骨が見つかっているが，図2は中でも衝撃的な1枚である。首だけがない全身骨である。当初，首だけ，腐って遺らなかったのではないか，という意見もあった。しかし，首の第3頸椎（けいつい）から上がなくなっていたことは，昔，首をはねるときは第3頸椎（頭を下げたとき，背中側に最も飛び出す首の頸椎）に刀をあててはねることなどから，何らかの原因で首をはねられた男性の遺体であること

が推定された。

吉野ヶ里遺跡からは、登呂遺跡と同様に数々の農具や金属器が豊富に見つかっている反面、こうした多数の殺傷人骨や、逆茂木(さかもぎ)・杭列など防御施設の存在が、平和な農村の裏に、命を取り合う戦いがあったことを私たちに強く印象づけたのである。

水田稲作のはじまりは戦いのはじまりでもあった。縄文人は武器を持たない。人を殺せる棍棒(こんぼう)などの道具はあるが、人を殺(あや)める目的で作られた専用の道具である武器は、朝鮮半島から水田稲作とともに持ち込まれたのである。

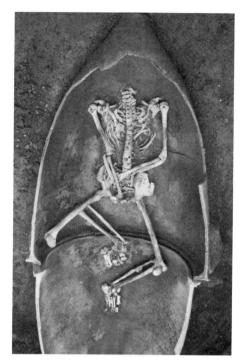

図2 吉野ヶ里遺跡で見つかった頭のない弥生人（佐賀県教育委員会提供）

戦いは水田稲作が始まってから100年ほどたった紀元前9世紀中ごろから始まったと考えられる。福岡県糸島(いとしま)市新町(しんまち)遺跡からは、左大腿骨(だいたいこつ)に長さ16cmの朝鮮系磨製石鏃(ませいせきぞく)が突き刺さったまま亡くなった40代男性の遺体が、支石墓(しせきぼ)という朝鮮半島起源の墓から見つかった。戦いの原因は、水田稲作を行う上で必要不可欠な水や土地であったと考えられる。話し合いでは解決がつかない場合の政治的手段として、大陸起源の戦いで決着をつけたのである。

もし戦後すぐに発掘された弥生時代の遺跡が吉野ヶ里遺跡であったのであれば、当時の国民は、2000年前の祖先たちも現代と同様、戦いに明け暮れていたという事実に直面し、さらに打ちひしがれたのではないかと想像する。

見つかりにくい戦いの証拠

平和な農村を象徴とする弥生時代か、戦いを合わせもつ物騒な弥生時代か、1990年代を境に子供たちが習う教科書に掲載された弥生時代のイメージが大

きく変わったことをおわかりいただけたであろうか。

　3世紀の倭国のことを記した通称,魏志倭人伝には,2世紀後半ごろ,倭国が大いに乱れた,と書かれている。文献に残る最古の戦いの記録とされる倭国乱だが,これを境に卑弥呼が擁立され,邪馬台国時代にはいることから多くの古代史ファンの関心を集めている。

　しかし考古学的に倭国乱の証拠があるかといえば,見つかっていないというのが実態である。いや,そもそも,戦場とおぼしき遺跡や遺構が見つかっているのは,17世紀の島原の乱で落城した原城や,19世紀の西南の役の戦いの1つである田原坂の戦いなど,ごくわずかである。

　なぜなら戦死者の遺体は周辺の僧侶たちによって手厚く墓に埋葬され,武器は古物商によって回収されてリサイクルされるため,戦場には遺体や武器は残らないからである。異教徒との戦いであったため気味悪がった幕府軍がすべてを埋めてしまった原城や,回収できない洋式銃の弾などがきわめて例外的に戦場であったことを指しているというわけである。

　稲作と戦いは弥生時代を象徴する光と影といった存在なのである。

参考文献
藤尾慎一郎 2015『弥生時代の歴史』講談社現代新書
藤尾慎一郎 2019「登呂遺跡と洪水」『資料が語る災害の記録と記憶』朝倉書店

　　　　　　　　　　　　　　　　　　　　　　　　　　　（藤尾慎一郎）

5 日本史・世界史のなかの弥生時代

弥生式土器発見

　1884（明治17）年に見つかった弥生式土器ほど，現在に至るまで鉄器との関係が論じられてきた先史時代の土器はない。なぜなら，縄文式土器は最初に設定されたときからずっと石器時代の土器であったし，古墳時代の土器も設定されたときからずっと鉄器時代の土器であった。しかし，弥生式土器は，石器時代→金石併用期→鉄器時代の土器と変遷してきた経緯がある。その理由は，つねにあらたな発掘調査の結果を受けて見方が変わってきたからである。

　この点で，縄文式土器や古墳時代の土器とは異なっている。先住民が使っていた縄文式土器の時代は，農業も行わず，鉄器も使っていないと考えられた。一方，弥生式土器の時代は，農業を行い，鉄器を使用する，天皇家の祖先が使っていた土器の時代である古墳時代に取って代わられたと考えられていた。つまり，先史時代の土器の特徴は，発掘調査とは関係なく，先住民か，天皇家の祖先なのかといった土器の使用者によって決まっていたことに原因がある。

　では，弥生式土器は先住民の土器か，それとも天皇家の祖先の土器なのか。それを知るには，弥生式土器を使っていた人びとが農業を行っていたのか，鉄器を使っていたのか，それとも無関係だったのかを調べればよい。弥生式土器の研究は，まさにこうして始まったのである。

　一方，石器時代，鉄器時代という用語は，18世紀にデンマークのコペンハーゲン王立博物館のC・トムゼンが，収蔵している古物を，石・銅・鉄の3つに分類して展示することを考えついたところに由来する。石器を使う時代が石器時代，鉄器を使う時代が鉄器時代なのである。三時期法と呼ばれる考古学の用語で，E・モースも，東京都大森貝塚の調査で見つかった縄文式土器を石器時代の土器として報告している。

弥生式土器の位置づけの変遷

明治時代の終わりごろには古墳時代の土器に近いと考えられるようになっていた弥生式土器は，次第にコメ，水田稲作を行うための農工具類である磨製石器，そして青銅器や鉄器などの金属器を伴うことが確認されるようになった。中山平次郎は，石器時代（縄文土器の時代）と鉄器時代（古墳時代）の中間の時代に使われていた土器として位置づけ，弥生式土器の時代に金石両様の利器が同時に使われていたと考えるようになる。したがって，弥生式土器が使われていた期間内に，石器と金属器が併用される金石併用期があると理解したのである（中山 1917）。

1940（昭和 15）年に福岡県遠賀川の河床で見つかった土器が遠賀川式土器として弥生前期に比定されると，弥生式土器は前期，中期，後期の 3 つに分かれることが確定する。そして戦前に行われた奈良県唐古遺跡の調査によって，前期にはすでに鉄器が存在して石器と併存していたことが確認されていたので，弥生前期から金石併用期に入っていたことが確認されたことになる。

一方，1950 年代には，岡崎敬が当時原の辻上層式と呼ばれていた弥生後期土器段階は鉄器時代であると見なす論文（岡崎 1956）を発表したので，九州北部では前期の金石併用期から後期の鉄器時代へ移行するという認識が生まれていた。

最終的に，金石併用期は，正確には前期のどこからなのかという課題が残ることになるが，1950 年代後半から行われた福岡市板付遺跡の調査で，最古の弥生式土器である板付Ⅰ土器段階に鉄器が使われていたことが確認されて，弥生式土器は最初から金石併用期の土器であったことが確定する。

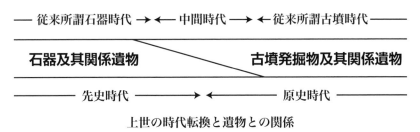

図 1　弥生式土器の位置づけ（中山平次郎 1917）

図2 佐賀県菜畑遺跡の大陸系磨製石器と武器の複製品
（国立歴史民俗博物館所蔵，原品は唐津市教育委員会所蔵）

その後，1979年に福岡県曲り田遺跡で最後の縄文土器に鉄器が伴うことが確認されたため，最後の縄文土器も金石併用期に属すると思われた。しかしII-1（p.28〜32）で述べたように，縄文晩期最終末は水田稲作がすでに本格化しているとして弥生時代に組み入れられ，弥生先I期，今の弥生早期として設定されたために，縄文土器は石器時代の土器ということで落ち着いたのである。

現在では，II-1で述べたように，鉄器が弥生前期末にならないと出現しないことを受けて，弥生式土器の前半約600年は，再び石器時代の土器という認識に戻る。弥生時代は石器だけの時期と，鉄器など金属器が出てきて石器と併存する金石併用期の大きく2つに分かれることとなる。石器だけの段階を「新石器」弥生時代と理解したのは，先に述べたとおり森岡秀人である。

人類史のなかの弥生時代

新石器時代とは，もともとノアの箱舟で有名な大洪水以前の，絶滅した動物たちに伴う石器である旧石器に対して，大洪水以降の石器という意味であったが，20世紀に入りG・チャイルドの「新石器革命」論により，農業や牧畜が始まる時代と定義された経緯がある。つまり，食料採集経済の旧石器時代と，食料生産経済の新石器時代である。

この世界的基準にのっとれば，九州北部の時代区分は，紀元前10〜前5世紀までの新石器時代，紀元前4〜前2世紀の初期鉄器時代，前2世紀以降の鉄器時代と推移することになり，これでまったく問題がなさそうにみえる。

西アジアやヨーロッパの新石器時代は，最終氷期が終わり温暖化していく中での農業のはじまりであるが，日本列島の場合，温暖化していく中で起こったのは，農業のはじまりでもなく土器の出現でもない。藤本強が説くように，森林性の堅果類や根茎類などの，ナラ林の森林性食料を対象とした採集・管理の

図3　愛媛県大久保遺跡出土鋳造鉄器片複製品（国立歴史民俗博物館所蔵，原品は愛媛県教育委員会所蔵）

はじまりである。これこそが，最終氷期から後氷期への気候変動への適応，すなわち後氷期適応として人類史のなかに位置づけられる。

　では弥生時代は人類史の上でどのように位置づければよいであろうか。自然を改変して食料を手に入れるという意味での農業のはじまりである。つまり，後氷期適応とは自然の変化に対して人類側があわせていく，つまり環境適応であったのに対し，弥生時代における農業のはじまりは，自然を制御していく側に日本列島の人類がはじめてたつことを意味しているため，弥生時代を新石器時代と考えることはできないと考える。

参考文献

岡崎敬1956「日本における初期鉄製品の諸問題」『考古学雑誌』42-1
中山平次郎1917「九州北部に於ける先史原史両時代中間期間の遺物に就て（1）～（4）」『考古学雑誌』7-10～8-3

（藤尾慎一郎）

コラム①

続縄文文化

続縄文文化とは

　水田稲作技術が青森県に到達し，これをもって弥生文化が本州北端にまで行き渡り弥生時代へと突入した，と歴史的叙述が行われる場合，水田稲作技術の痕跡が認められない北海道においては，縄文文化的な生業形態が存続し，本州以西とは異なった文化が存在したと記述される。この文化を続縄文文化と呼び，時期的には7世紀後葉までが含まれ，以後本州の古代へと連動していく。このうち，弥生文化と併行するのは，続縄文文化の前葉～中葉（約2400～1700年前）の時期である。また，続縄文文化の土器を続縄文土器と呼ぶが，弥生文化に併行する土器は基本的に大きく恵山式土器と括られる土器群であり，その器種構成も壺・浅鉢（あさばち）・台付鉢（だいつきはち）などと縄文時代晩期の土器組成を引き継いでいる。

続縄文文化の生業

　続縄文文化においては，縄文文化以来の生業形態がさらに集約化していき，特定の食料資源に依存していく傾向がみられる。主な食料としては，海岸部ではオットセイ・ニホンアシカなどの海獣類（かいじゅう）が多く，内陸河川付近ではシカとサケが多い。出土人骨の食性分析の結果でも，海獣類への依拠率は高く，基本的には動物質食料を中心におく食生活を行っていたらしい。

　また，ヒグマやイノシシも遺跡から少なからず出土している。北海道にはイノシシが生息しないので，本州から持ち込まれたものであろう。イノシシの焼骨は，ヒグマの焼骨との共伴例も多いので，呪術的・威信的行為に用いられたのかもしれない。

　貝塚の形成自体は噴火湾沿岸を除いて低調であるが，海岸部では大型の回転

式離頭銛や釣針（図1），ルアーと思われる魚形石器など，特徴的な漁具が発達する。銛は海獣狩猟に，大型の釣針や魚形石器はマグロやオヒョウなどの大型魚に対して用いられたのであろう。

植物質食料に関しては，縄文文化のメジャーフードであったクリやトチなどが北海道には自生しないことから，ほかの堅果類が利用された可能性がある。また，ヒエ属の検出例もあり，一部の穀物が食用とされていたようだ。

続縄文文化の精神文化

墓穴内に小型の柱穴を2つもつ，独特な形状をした続縄文文化の墓は，秋田県などの本州側からも検出されており，北海道と東北地方北部において，人的移動が存在したことは確かである。しかしながら，縄文文化の特徴的な呪術具であった土偶や石棒は，続縄文文化の初めのころに消滅して

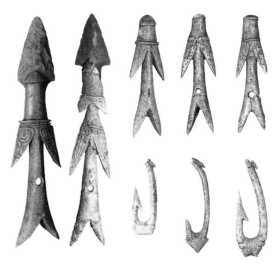

図1　北海道有珠モシリ遺跡出土の骨製銛頭と鹿角製釣針（文化庁所蔵，伊達市教育委員会保管）

図2　北海道有珠モシリ遺跡出土のヒグマ彫刻付きスプーン（文化庁所蔵，伊達市教育委員会保管）

しまい，基本的には続縄文文化に受け継がれない。一方，骨製スプーンの把頭飾（はとうしょく）など，ヒグマをモチーフにした遺物は多く確認でき，ヒグマが呪術的に重要視されていたことも判明している（図2）。また，コハクの玉などを数多く副葬するような多数副葬墓も多く見られ，続縄文文化を特色づけている。

続縄文文化における交易

北海道を中心に展開した続縄文文化は，本州側と盛んに交易を行っていたことがわかっている。続縄文文化圏からは，動物の皮革やサケ科魚類，石器の素材となる黒曜石（こくようせき）や緑泥石片岩（りょくでいせきへんがん）などが，本州側からは管玉（くだたま）や南海産貝輪といった弥生文化特有の物資が運ばれていた。これらの交易は主として日本海側に住んでいた人々によって行われた可能性が高く，津軽半島の日本海側に位置する青森県坊主沢（ほうずさわ）遺跡からは，続縄文文化に特有な黒曜石製岩偶（がんぐう）や緑泥石片岩製磨製（ませい）石斧（せきふ）が出土している（高瀬2017）。

続縄文文化の特徴

以上述べてきたように，続縄文文化は縄文文化がそのまま継続したものではなく，弥生文化の影響を受けながら成立した独自の文化である。そして，それは海獣類・サケ類に偏（かたよ）った生業形態，および広範囲に及ぶ交易活動によって特徴づけられるだろう。

参考文献

設楽博己編1999『新弥生紀行―北の森から南の海へ―』（企画展示図録），国立歴史民俗博物館

高瀬克範2017「弥生文化の隣人―続縄文文化―」『弥生時代って，どんな時代だったのか？』朝倉書店

（山田　康弘）

コラム②

貝塚後期文化の貝交易

琉球列島の地理的環境

　九州島と台湾島の間、約 1260 km を弧状につないで、東シナ海と西太平洋を画しているのが琉球列島である。島の連なりは、水深 1000 m のトカラ構造海峡と宮古凹地という2つの谷部により南北3つのまとまりに分けられる。

　このうち、先史時代を通じて、九州の土器文化が断続的に及んでいる北琉球と中琉球の2つが九州島との交易に関わったと考えられている。木下尚子は、この間の島々が直接目視できる位置関係にあったことが、交流を行いやすくしたと考える（木下 2018）。

　とくに 7000 年ほど前の縄文前期と、3500 年ほど前の縄文後期後半に南下する九州の土器文化の影響が、在地の土器様式に強く現れることが知られているが、それでもメインとなるのは在来の貝塚前期文化である。貝塚前期文化は、縄文文化の琉球類型であるという考えもあるが、のちに琉球王国が成立すると日本国とは別の国家が成立するという意味で、北海道とは質の異なる歴史的変遷をたどる点を重視して、筆者は貝塚前期文化や貝塚後期文化を縄文文化や弥生文化と並立する独立した文化という立場をとる。

気候変動に伴う暮らしの変化

　紀元前 8400 年ごろから始まったと考えられている貝塚前期文化の人びとは、狩猟・漁労・採集によって基本的な食料を手に入れていた。住まいも森に抱かれた台地上にあったことが遺跡の分布からわかる。

　こうした状況に変化が起きるのが 3500 年前から 2000 年前である。遺跡が森の高台から砂丘に移るのである。木下は、これまで依存してきた森から遠くなることをおいてもなお、サンゴ礁に面する前面に居を移した方がよいという決

断を，人びとが行った点を重視している。

　サンゴ礁自体の形成は，8000〜7500年前の海面上昇とともに始まるが，人びとが住まいを移し新しい生活を送るようになるのは，紀元前1000年紀の前半と考えられている。20年前は紀元前後のことと考えられていたが，九州北部における水田稲作の開始が約500年さかのぼったことを契機に年代の修正が行われたのである。今では，こうして始まった貝塚後期文化の人びとが，貝塚前期文化以上にサンゴ礁に依存した生活を送るようになったことは，立地や出土遺物からみても明らかだ。

琉球列島と九州島との交易

　30年前ほど前，貝塚後期文化は，九州北部と連動した水田稲作の開始を画期とする文化として位置づけられていた。板付I式土器の影響を受けて成立したとされる真栄里遺跡出土土器など，九州北部と強い結びつきをもつ貝塚後期文化というイメージがつくられたのである。しかし調査が進展し，沖縄で水田稲作を行っていたことを示す資料がほとんどないことが明らかになる一方で，貝を通じた九州との経済的な関係を示す考古学的な証拠が増加するに至って，現在では以下のような貝塚後期文化観が浸透するまでになった。

　紀元前10世紀後半に九州北部地方が水田稲作を生産基盤とする朝鮮半島青銅器前期文化の末端に位置づけられると，九州と琉球列島の関係は新たな段階にはいる。沖縄近海にしか生息しない南海産大型巻貝の貝殻をコメや金属器などと交換する遠距離交易のはじまりである。

　この間の事情を木下は次のように解説する。登場人物は，九州北部の弥生人と貝塚後期の人びと，そして両者をとりもった人びととの三者である。弥生人には九州北岸の海洋漁労民と平野部の水田稲作民の二者がいる。まず登場するのは西北九州から九州北部，響灘沿岸の弥生人で，沖縄近海のサンゴ礁にしか生息しない大型巻貝であるゴホウラ類を腕輪の素材に選んだ。彼らの墓地は支石墓や覆石墓など朝鮮半島系の墓制なので，木下は朝鮮半島系の文化をもつ漁労民と考えている。ではなぜ，彼らはゴホウラ製貝輪に関心をもち手に入れたがったのであろうか。木下は大型巻貝が中国の白玉と同じ質と色であることが原因ではないかと推測する。当時，九州北部の弥生人が知りうる大陸的要素と

いえば遼寧式青銅器文化なので、朝鮮半島系の人びとが関心をもつのはおかしくない。彼らは自ら貝塚後期文化人とコンタクトをとったと考えられる。

次に関心をもったのは福岡平野や佐賀平野など平野部の水田稲作民で、彼らは甕棺墓に葬られることが一般的である。しかし水田稲作民は直接海に乗り出すことはできないので、仲介者が必要になってくる。

生産者、この場合、腕輪の素材となる大型巻貝の提供者は、貝塚後期文化の人びとである。沖縄の遺跡でゴホウラ類とイモガイ類の貝殻だけを集めた集積（図1）や、腕輪のために粗く加工された未製品（粗加工品）が見つかることから明らかである。

では消費者と生産者をつないだ仲介者とは誰か。木下は仲介して運搬を担当したのは、以下の証拠から西北九州および九州南部の沿岸民と奄美の人びとだと考えている。沖縄の貝の集積場から九州北

図1　平敷屋トウバル遺跡のイモガイ集積（沖縄県立埋蔵文化財センター所蔵）

図2　木綿原遺跡5号石棺出土9号人骨（読谷村教育委員会提供）

部の弥生土器が出土していることは，土器の中に入れて持ってきたコメやマメなどと貝殻を交換した可能性があることを意味するという。さらに有明海沿岸や薩摩西部の突帯文系甕が沖縄本島西海岸を中心に見つかること，また奄美から九州西海岸の沿岸民の墓に特徴的な箱式石棺墓が見つかることなどである。読谷村木綿原遺跡5号箱式石棺墓から出土した第9号人骨（図2）の形質学的な特徴は，種子島の広田遺跡と共通すると考えられることからもわかる。

　最後に生産者である貝塚後期文化人は，より多くのコメや鉄を手に入れるために，自ら貝を携えて九州へ赴いたりすることはなかったようである。ただ浜にはいつ来るかわからない仲介者を待つかのように大量の貝集積を用意しておいたことだけは確かである。木下は，より多くのコメや鉄を手に入れることによって得られる生活に関心がなかったようだと考えている。こうした状態は10世紀の琉球王国が成立するまで続く。「貝交易はそのはじまりから終焉まで一貫して消費者側からの行為であり，素材提供者にとっては単なる1つの経済活動以上の意味をなさなかった，というのが，貝をめぐる交易の実態だったようだ。」という木下の言葉は，貝塚後期人の気質を考える意味で印象的である。

参考文献

木下尚子2000「琉球列島の人びとの暮らしと倭人」『倭人をとりまく世界―2000年前の多様な暮らし―』山川出版社

木下尚子2018「先史琉球人の海上移動の動機と文化」『熊本大学文学部論叢』109

（藤尾慎一郎）

Ⅳ　弥生時代から古墳時代へ

1 青銅器と鉄器のかがやき

　弥生時代から古墳時代への動きも，この30年ほどの時間の中で，その認識は大きく転換した。遺跡や遺物の発見だけでなく，新たな分析や思考によるところが大きい。この節では，弥生時代中期から古墳時代初頭までを対象として，現状で共有されつつある時代像を，それぞれのトピックにあわせて眺めることにしたい。

青銅器の大型化と埋納
　弥生時代中期に，日本列島で青銅器の生産が始まった。朝鮮半島に由来した，矛・戈・剣の武器と銅鐸である。武器と銅鐸は次第に大型化してゆき，「たたかう」「ならす」という実用から離れ，象徴的な祭器へと姿を変えた。
　武器は当初，墓に副葬する特定個人の保有物であったが，後期に戈や矛を埋納するようになる。銅鐸は終始埋納しており，副葬されることはない。大型化した後期の青銅器はいずれも埋納しており，個人が専有しない，共同で保有する器物であった。
　九州北部を中心とする銅矛（広形銅矛）と，近畿地方を中心とする銅鐸（突線鈕式銅鐸）が，後期に2つの青銅祭器分布圏を形成したことは古くから指摘されている。埋納する青銅祭器には，同じ価値（儀礼）を共有する地域の結びつきは見いだせても，傑出した有力者（エリート）の姿は見いだせない。
　広形銅矛も突線鈕式銅鐸もともに，周縁地域に集中しており，祭器を共有する世界の境界が強く意識されたようである。

青銅祭器の黄昏
　近畿や東海の突線鈕式銅鐸は，銅鐸づくりの諸流派を統合して創り出され

た．後期に，地域の結びつきを強く意識したことは確かである．しかし，突線鈕式銅鐸は古墳時代に存続しない．九州北部を中心とする広形銅矛も，大半は後期の2世紀という時間の中で終焉を迎える．後期の社会統合がそのままの形で，古墳時代へと発展してゆくわけではない．

　銅鐸分布圏では，突線鈕式銅鐸の終焉と重なるように，小型青銅製品の生産が各地で展開した．大阪府亀井遺跡，奈良県大福遺跡や滋賀県下鈎遺跡，愛知県朝日遺跡などでは，銅鏃や銅釧などを生産していた．小型青銅器を生産した場には，銅鐸破片が伴うこともある．突線鈕式銅鐸が破片で存在することは，弥生時代的な価値の否定を暗示しており，銅鐸の終焉と小型青銅器生産の展開が連動したことを象徴している．

2つの鉄器

　鉄器も弥生時代前期末に日本列島に登場した．弥生時代の暦年代が遡上し，鉄器の出現が東アジア史的視点で議論された記憶も新しい．登場した当初の鉄器は，破片を利用した加工品であり，より強靱な石器として使用した．

　中期後半には，九州北部など特定の地域で，鉄器の生産が始まる．一般に，鉄の加工や成形には，高温の維持と炭素の含有量を調整するなどの技術が必要である．技術の限界を反映して，工具や鏃などの小型品を生産するにとどまり，刀剣などの大型品は朝鮮半島や中国から流入した．

　鳥取県青谷上寺地遺跡では，さまざまな鉄製工具が出土した．九州北部から入手した工具と，自らが作り出した独特の工具がある．その一部は，装飾を凝らした木製の器を作る道具であった．また，京都府奈具岡遺跡や福井県林・藤島遺跡など，日本海沿岸の玉作りの場にも鉄器は姿をみせている（図1）．装飾木器も玉も，地域の外へ運ばれる交易品であり，鉄器は価値を生み出す原資であった．一方，後期には，鉄製刀剣が有力者の墓に副葬された．鉄器は朝鮮半島や中国から流入した貴重品であり，広域のネットワークに連なる有力者が手にするものでもあった．

　後期に石器の農工具や鏃が急速に姿を消すことから，後期には鉄器が広く社会に普及したと考える意見が1990年代ごろまでは多かった．しかし，鉄の加工技術や生産遺跡の詳細な整理により，鉄器の普及は一様ではなく，九州北部

を中心とした西高東低の偏りをもって弥生社会は鉄器を受け入れたという理解が共有されつつある。

　弥生時代後期には，価値をもつ鉄器と，価値を生み出す鉄器という2つの鉄器が存在したのである。

東方世界の金属器

　長野県柳沢遺跡では，銅鐸と銅戈を埋納した状態が発見された。しかし，武器も銅鐸も東海西部と北陸西部より東には，ほとんど及ばない。

　弥生時代後期には，東海東部と中部高地から東の地では，利根川を限りとして，独自の青銅器が登場する。その1つが小銅鐸である。銅鐸をもたない東の地には，それを模倣した青銅器を保有する世界が広がっ

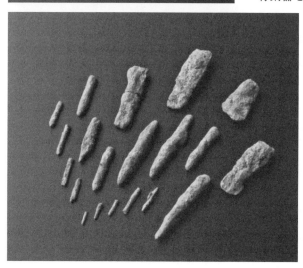

図1　鉄製工具を用いた玉つくり（福井県林・藤島遺跡，福井県教育委員会所蔵，大阪府立弥生文化博物館提供）

ていた。もう1つは，帯状円環形銅釧(おびじょうえんかんがたどうくしろ)である。青銅製の釧（腕輪）は後期に九州北部を中心に流通するが，東方では幅のある帯状の円環を特徴とした，他の地域にはない銅釧が流通した。

　この地は後期に，鉄剣と螺旋状鉄釧(らせんじょうてつくしろ)と呼ぶ鉄製の釧（腕輪）を保有した。また，群馬県有馬(ありま)遺跡のように，中部高地や北関東では鉄剣に鹿角製の柄を着装した例が多い。鉄剣は，後期に各地で保有したが，柄の形が地域で異なり，鹿角製の柄は東方独自の形である。金属製の釧（腕輪）も後期に各地で保有したが，鉄製の釧は他の地域にない。独自の金属器の形は，金属器を共有する列島諸地域の中でも，東方世界の存在感を示していた。

　これらの青銅器や鉄器は，墓に副葬することが少なくない。集団の成員とは区分される有力者が登場しつつあったことを東方世界の金属器は示しているのである。

　　　　　　　　　　　　　　　　　　　　　　　　　　（上野　祥史）

2　墳墓と王の姿

青銅器・貝輪と有力者

　弥生時代中期には，福岡県吉武高木3号木棺墓など武器形青銅器を副葬する墓が登場した。武器形青銅器は，武器であり，特定個人が手にする希少な器物でもあった。佐賀県吉野ケ里遺跡では，墳丘墓に埋葬した甕棺に銅剣を副葬しており，武器形青銅器が有力者の権威を象徴していた。九州北部には，矛・戈・剣という序列があり，青銅器を保有する地域の位置づけを示す道具としても機能した。九州北部では，ゴホウラやイモガイという南島産の貝を加工した腕輪（貝輪）も，遠方より運ばれる，貴重な財として価値をもった。

　外来品，あるいは先進技術を反映した生産ゆえに，数が限定され，保有に象徴的な価値が生じた。これらの器物を手にした有力者は複数で存在しており，集団の結びつきから抜け出せない代表者としての性格がみいだせる。

倭の王墓

　やがて，楽浪郡を通して中国との関係をもつようになると，中国鏡が大量に九州北部へと流入した。各地の有力者は中国鏡を手にしたが，鏡の大きさと数によって保有者の序列が表現された。その中心は，大型鏡を含み30面以上の鏡を保有した福岡県須玖岡本D地点甕棺や同三雲南小路1号甕棺であり，中国王朝の漢と交渉した奴国や伊都国の王墓に推定されている。

　中国鏡は，対外交渉の主導者が各地の地域社会を秩序づける仕組みを確立させた。対外交渉と九州北部の内部のネットワーク形成が連動する中で，地域社会の代表者を超えた，彼らの結節点となる王が登場したのである。糸島平野の井原鑓溝や平原1号墓，唐津平野の佐賀県桜馬場遺跡など，優れた中国鏡をもつ墓は，中国の文献記録にもみえる日本列島＝倭の諸国の王たちの墓である。

日本海沿岸と瀬戸内の墳墓

　日本海沿岸では方形の墳墓を築く習俗があり、そこから四隅突出型墳丘墓や方形台状墓など特徴ある墳墓が誕生した。

　四隅突出型墳丘墓は島根県東部から鳥取県域へと広がり、一部は福井・石川の北陸でも共有された。その中から、島根県西谷3号墓のように、大規模な墳墓があらわれた。

　京都府北部の丹後では、丘陵の尾根上に方形の墳墓を営んだ。その中に、京都府大風呂南1号墓や同赤坂今井墳丘墓など、豊かな副葬品をもつ大規模な墳墓があらわれた（図1）。

　瀬戸内北岸から山間地域にかけて

図1　丹後の方形台状墓（京都府大風呂南1号墓、与謝野町教育委員会提供）

の吉備では，飲食・供献を意識した土器儀礼が発達し，特殊な土器——壺とそれを置く台（器台）——を生み出した。墳墓の形に特徴はないが，儀礼に独自の特徴がみえた。その中から登場するのが，岡山県楯築墳墓などの大型の墳墓であった。

鉄剣と鉄刀

これらの地域では，独自の墳墓が発達するとともに，鉄剣・鉄刀の副葬が普及した。出雲を代表する西谷3号墓でも，吉備を代表する楯築墳墓でも，鉄剣を副葬している。

日本海沿岸では，10点を超える鉄剣を副葬した大風呂南1号墓をはじめ，鳥取県宮内墳墓群，兵庫県妙楽寺墳墓群，福井県乃木山墳墓群など，弥生時代後期から終末期にかけての墳墓に鉄製刀剣を副葬する事例が多い。鉄製刀剣の副葬には，日本海沿岸の特徴が2つ映し出されている。

1つは，鉄刀を保有したことである。後期に鉄剣はより広い範囲で共有するが，鉄刀は対外交渉の窓口である九州北部を除けば，日本海沿岸しか保有していない。中国・朝鮮半島から入手した先進器物の動きは，日本海沿岸がこの時期の主要な物流ルートであったことを示している。

もう1つの特徴は，副葬という行為が普及したことである。副葬は個人の保有を意味し，外部との交渉を担当した地域社会の代表者を映し出す。日本海沿岸の物流への参画が，地域内部に代表者を生み出した。それは，個人を埋葬する墓が発達することとも密接に関わる。

地域社会を越えた動きと地域社会内部での代表者の析出が連動する様子がみえる。

墳墓と副葬品

墳墓儀礼が発達する地域は，弥生時代後期に青銅祭器をもたない。中期には，島根県神庭荒神谷遺跡や加茂岩倉遺跡のように多量の青銅器を保有し，出雲の中細形C類銅剣や瀬戸内沿岸の平形銅剣など，独自の武器形青銅器をもちながら，後期には青銅器を手放した。

一方，銅鐸を保有する近畿・東海に明確な墳墓が登場するのは今少し先のこ

とである。墳墓は個人を対象とするものである。銅鐸という共同保有の祭器を発達させた世界と，個人を顕現させる世界とは表裏の関係にあった。端的にいえば，社会秩序の維持と安定を何に託したのか，という違いを反映している。

　地域社会の外との交渉が活発になり，物資・情報の流通を保証する主導者（集団・階層）の存在が重要な意味をもち，特定個人（の死）を介して秩序の維持・安定を図ろうとしたのがこれらの地域であった。中国鏡によりいち早くそれを実現したのが九州北部であった。東方での金属製品（小銅鐸・帯状円環形銅釧（どうくしろ），鉄剣・鉄釧（てつくしろ））の副葬も，その流れをくむ現象だといえよう。

　後期後半の日本海沿岸や中国地方には，王墓とも呼べるより広範な地域社会を束ねた代表者を埋葬した墓が存在した。しかし，大型化した墳墓であっても，複数の埋葬施設をもつことから，傑出した特定個人の姿はみえない。弥生時代の墓制も，そのままの形で古墳時代に存続しない。墳墓儀礼を通じた社会統合は，古墳時代へと連続するわけではないのである。

（上野　祥史）

3　中国王朝と弥生列島

金印と鏡
　『漢書』地理志には「楽浪海中に倭人あり」との記載があり，『後漢書』には中元二年（紀元57）と永初元年（紀元107）に倭人が使節を送ったとの記載がある。しかし，文献記録が交渉のすべてとは限らない。中元二年は漢を再興した光武帝の没年であり，永初元年は直系の皇統が途切れた後を受けて登壇する安帝の即位年であり，倭の遣使が象徴的に扱われた可能性がある。夷狄の来訪は王朝の徳を顕彰する慶事として取り扱われることが多く，東夷の倭の遣使もそうした脈絡で受け止められたのではないだろうか。こうした政治交渉との関係を想定できるのが，「漢委奴国王」蛇鈕金印である。

　文献記録が伝える漢と倭の政治交渉は2度に限られるが，中国鏡にみる漢と倭の交渉は頻繁であった。中国鏡は紀元前1世紀後半の弥生時代中期末から九州北部に登場し，以後は流入が継続した。中国鏡は，日本列島と中国との交渉が恒常的であることを示す物証であり，漢が朝鮮半島北部に設置した地方行政府の楽浪郡との交渉を反映すると理解されている。

三韓と倭
　楽浪郡と日本列島の倭との間には，朝鮮半島南部の三韓（馬韓・弁韓・辰韓）が存在していた。三韓も，紀元前1世紀ごろより楽浪郡との交渉を本格化させる。三韓では中国鏡は数が少なく小型鏡を主体としており，倭の中国鏡は数が多く，大型鏡・中型鏡を含み形態も多様である。三韓と倭の中国鏡の違いは，2つの事情を反映している。

　1つは，鏡の格差が，中国鏡を送り出した漢の意図を反映していることである。大型鏡の流通は政治的意図を反映しており，鏡を通じた結びつきにおい

て，倭に対する評価が韓よりも相対的に高いことを示す。しかし，三韓では，日本列島には流入しない中国系文物も流入しており，近接した地理環境を反映してより深い関係が展開した。

今1つは，中国鏡の多寡が，楽浪郡との地理的関係を反映しないことである。楽浪郡に近接する三韓に中国鏡が少なく，楽浪郡と遠く隔たる倭に多い。これは，中国鏡が楽浪郡から日本列島へと直接もたらされたことを示している。後の3世紀の『三国志』魏書東夷伝倭人条は，楽浪郡の南半に新設した帯方郡から倭に至るまで朝鮮半島沿岸航路を利用したことを伝えるが，鏡の動きはまさにこの経路と符合する。漢と倭，漢と三韓の交渉が独立していたことを示すのである。

鏡と鉄製刀剣

中国鏡の登場は，対外交渉が地域間関係を新たに規定し，九州北部の社会統合に寄与した。鏡の保有だけでなく，広形銅矛の青銅器生産を集約化させるなど，他の器物にも影響を与えた。日本列島における鏡の保有は拡大し，不完全な形態をした鏡片やそれに穿孔・研磨を施した破鏡が多量に流通し，中国鏡を模倣した倭鏡の生産も展開した。これらは，九州北部にとどまることなく，瀬戸内沿岸や日本海沿岸から近畿地方へと広がり，その先は東海，南関東にまで及んだ。鏡片・破鏡は，九州北部からの距離に応じて希薄になることから，隣接する地域を結ぶ中継交易を経て東伝したものと考える。

鉄製刀剣も弥生時代後期に日本列島が受け入れた外来品である。鉄製刀剣は地域で柄の形態が異なるので，受け入れた品を加工するという点では，分割・研磨・穿孔の加工を施した中国鏡と類似している。しかし，その流通は異なっていた。

鏡も刀剣も九州北部では副葬の対象であったが，九州より東の地では終末期に至るまで鏡を副葬することはない。日本海沿岸は九州北部に次ぐ鉄製刀剣の保有地でありながら，鏡の保有は希薄であった。それは，流通の形態と保有のあり方が異なっていたことを示している。鉄製刀剣は地域社会を代表する有力者の副葬品であり，上位階層間での地域間関係を通じて移動したと考える。一方の鏡は，九州北部を外れると副葬されることがなく，一般的な流通を通して

図1 楽浪土器（福岡県今宿五郎江遺跡出土，福岡市埋蔵文化財センター所蔵）

図2 貨泉（長崎県シゲノダン遺跡出土，国立歴史民俗博物館所蔵）

地域間を移動したものと考える。九州北部からのものの動きが，鏡と鉄製刀剣では異なっていた可能性が考えられよう。

海の向こうを起点とする貴重な財であっても，九州北部を経由して日本列島内部に流通する段階には，その様相は一様ではなかった。

楽浪土器と貨幣と硯

日本列島へと流入した中国系文物は中国鏡や鉄製刀剣だけではない。数は少ないが，土器や硯など漢人の足跡を思わせる資料が出土している。

楽浪土器は，泥質灰陶と呼ぶ灰色の器であり，楽浪郡域で使われた土器である。楽浪土器は，長崎県原の辻遺跡や福岡県三雲遺跡群などで出土しており，楽浪からの人の動きを反映するものとして注目される（図1）。

五鉄銭は，前漢から後漢を通じて使われた貨幣であり，貨泉は1世紀第1四半期のきわめて限られた時期に発行された貨幣で，その流通時期も限定される（図2）。日本列島ではより広い範囲で貨幣が出土しているが，多量に集積した事例は山口県沖ノ山の一例のみである。岡山県高塚遺跡の貨泉25枚も注目されている。経済活動を反映するには数が少なく，その評価は慎重にありたい。

硯は，福岡県三雲遺跡群や島根県田和山遺跡で出土している。倭人が文字を主体的に操るのは飛鳥・奈良時代以降のことであり，硯は楽浪関係者の足跡を示す資料として注目が集まる。

中国系文物は，原の辻遺跡や三雲遺跡群で複数の要素がより濃厚にみえており，対中国交渉を主導した一支国や伊都国の様相を伝えている。近年，両遺跡を主軸とした交易体制は，原の辻＝三雲貿易として広く認識されている。

（上野　祥史）

4 考古学からみた邪馬台国の時代

魏志倭人伝と考古学文化

　3世紀の日本列島の様子は,『三国志』魏書東夷伝倭人条に詳しい。地理環境や風俗・習俗,政治情勢や魏との交渉など,倭のさまざまな情報が描かれている。

　20世紀後半には,この邪馬台国の時代を弥生時代後期とみることが一般的であった。高地性集落の登場と消滅,武器である石鏃の大型化とその後の消滅が,中期後半から後期への変化の中で生じたことが指摘された。考古学現象にみる争乱を,魏志倭人伝の倭国争乱に重ねて理解したものである。そのため,3世紀は弥生時代後期として理解された。それは,古墳時代のはじまりを4世紀初頭とする認識とも連動していた。

　出土資料の相互関係を重視した検討が進み,景初三年(239)を介した三角縁神獣鏡と魏志倭人伝の記録の同時代性がみとめられるようになり,古墳時代のはじまりは3世紀中ごろへとさかのぼることになった。古墳時代を考える1つの指標である大型前方後円墳の登場も,3世紀後半(前後に二分した後半)に求めることに現状で異論はない。

　邪馬台国の時代は3世紀前半に固定されているが,それをどの考古学文化にあてるかは,同時代の認識が反映されたのである。

大交流時代

　弥生時代と古墳時代を分けるものは何か。簡単に表現すれば,紐帯＝結びつきの違いである。近畿,山陰,東海といった地域圏を越えた,汎日本列島規模での共有がみえるか否かの違いである。

　弥生時代後期から終末期にかけては,各地の土器が隣接する地域社会を越え

図1　福岡県西新町遺跡で出土した近畿系と山陰系の土器
　　（九州歴史資料館所蔵，大阪府立弥生文化博物館提供）

てより遠方に運ばれた。薄手の甕(かめ)が代表的であり，筑紫(つくし)の土器，吉備(きび)の土器，山陰の土器，近畿の土器，北陸の土器，東海の土器などが，遠距離を動いた。東西，南北を縦横につなぐその動きは，特定の地域を核としない各地の自由な結びつきが日本列島を広く覆ったことを示している。

　甕の動きは，交易によるものの動きではなく，煮炊きをする人の動きをあらわした。人間集団が移動した先で一定の活動を継続する様子を示しており，地域を越えた交流はこれまでとは形態が異なったのである。中でも注目を集めたのは，台座をもつ甕を代表とした東海系の土器の動きである。伊勢湾岸を原郷として，東海から関東にまで広がった。その動きは，低地開発に秀でた集団の移住として理解されている。

　こうした交流が盛んとなり，各地の人が集まる結節点が形成された。その中に登場するのが，博多湾沿岸の西新町(にしじんまち)遺跡や，奈良盆地の纒向(まきむく)遺跡である。各地の特徴をもつ土器が出土しており，各地の人々が参集した様子がうかがえる（図1）。こうした結節点では，遥か西方の朝鮮半島の土器や，北方の続縄文文化の土器も出土することがあり，弥生文化圏を超えた地域の結びつきもみえる。

　土器に反映された地域の結びつきは，青銅祭器や墳墓などの儀礼を通じた社会統合とは性格が異なる。儀礼を通じた統合が地域圏の形成に作用したとすれば，これら土器に反映された人の動きは，地域圏を越えた紐帯の形成に作用したといえよう。鏡や金属製腕輪がより広い地域で共有される現象と同じ性格をもつ。

三角縁神獣鏡と前方後円墳

　三角縁神獣鏡は，古墳時代を象徴する器物の１つである。終末期を含めた弥生時代の遺跡から出土せず，汎日本列島規模で各地の古墳に副葬された器物である。三角縁神獣鏡には，景初，正始の年号を表現した鏡があり，卑弥呼の魏への遣使時期との重なりが確実な器物でもある。土器に反映された各地の結びつきを背景として，こうした器物の共有が日本列島規模で生じたことを示している。

　前方後円墳も，弥生時代に直接の起源を求めにくい墳墓である。弥生時代後期の地域を代表する王墓にその姿をみず，これらの王墓の姿も古墳時代に継続しない。纏向型前方後円墳の登場と，それを受けた大型前方後円墳の登場は大きな画期であった。

　前方後円墳の登場は，埋葬施設や副葬品，埴輪などの装置で演出する葬送儀礼の創出に意味があった。埴輪が吉備の儀礼土器に由来するように，各地の要素を複合させて統一の儀礼様式を作り出したのである。各地の結びつきが強まる中，そのネットワークに携わる関係者を包括するユニバーサルな価値・儀礼が希求されたのである。地域圏を意識した青銅祭器が姿を消し，地域圏を超えて共有した鏡や鉄製刀剣が古墳時代の副葬品として継続してゆくことは，日本列島規模での結びつきを反映する器物が選択された背景を雄弁に物語る。

　三角縁神獣鏡も古墳もともに，共有＝紐帯を示す指標であると同時に，格差＝区分を示す指標でもあった。共有を前提とした格差を日本列島規模で表現することこそ，古墳時代の社会関係，政治関係の本質である。

　近畿を中心とした秩序が確立した要因は何か。1990年代は，鉄資源の入手をめぐる物流体制の形成にそれを求めた。しかし，土器の交流にみる地域を連携するネットワークが全国規模で生じており，鉄はそのネットワークに乗り東西を往来した物資の１つである。鉄のみに特化した評価は相対化されているのが現状だといえよう。日本列島規模での社会統合は，地域圏の対立を相克した覇権的な動きととらえる視点から，多元的な地域間関係を背景とした超領域的な連携機構の創出ととらえる視点へと変化しつつあるのである。

（上野　祥史）

V 古墳時代

1 弥生時代と古墳時代は何が違うのか

古墳時代という枠組みの誕生

　弥生時代から古墳時代へと，何が変わったのか。かつて，弥生時代は農耕によって貧富や上下の差が人々のあいだに生じた時代で，古墳時代は富んだ上位の人々が統治組織をつくった時代だというふうに考えられていた（小林1960など）。富や上位や統治の表現として，古墳が造られたというわけである。

　しかし，弥生時代にも古墳のような盛り土をもつ墓（墳丘墓）があり，富める上位の人々がいたことが，1970年代後半にははっきりした。古墳自体が，そのままでは弥生と古墳を分ける指標としては使いづらくなったのである。そこで，弥生時代の墳丘墓から，厳密な意味での「古墳」を切り離して再定義する必要が出てきた。

　この仕事をリードした近藤義郎は，古墳の典型である前方後円墳と，弥生時代の墳丘墓（弥生墳丘墓）との違いを追究した。結論として，第1に，前方後円墳は，弥生墳丘墓の地域性を断ち切った画一性をもつ。第2に，規模や副葬品の量を飛躍的に拡大させた大型前方後円墳を頂点とする格差が，古墳同士のあいだに生まれる。これらは，広い範囲の有力者同士が同じ儀礼のもとに結びつきつつ互いの階層的格差を表す秩序ができたことを示し，それが古墳のはじまりであるとされた（近藤1983）。

　最古の大型前方後円墳は奈良県の箸墓古墳で，この秩序の中心に大和の勢力が立ったことも明確になった。以後，箸墓以降のすべての墳丘墓を「古墳」と呼び，それより前の墳丘墓は「弥生墳丘墓」などとして古墳に含めないという研究枠組みがほぼ共有された。

纒向遺跡と古墳時代の開始

　箸墓古墳の近くに広がる纒向遺跡が，単に広大なだけでなく，古墳時代開始前後の社会変化が垣間見える要地であることが，20世紀の終わりごろから具体的にわかってきた。東海・瀬戸内・山陰などの各地から運ばれた土器が多数出土し，広い範囲から人が集まって活動する経済的中核でもあったのである。弥生時代から古墳時代への動きは，宗教や政治のみならず，経済の面でも大きな変化をはらんでいたことが，纒向の調査を通じて明らかになった。

図1　箸墓古墳のレーザー測量図（アジア航測株式会社・奈良県立橿原考古学研究所作成，奈良県立橿原考古学研究所提供）

　纒向でもう1つ注意されるのは，「纒向型前方後円墳」と呼ばれる墳丘墓の群である。前方部が低く短いなど，型式学的には箸墓より古く，規模は箸墓にはるかに及ばないが，一定の共通性をもって広く築かれ，大和を上位とする階層的格差もはらむ。それを重視して，纒向型前方後円墳を，箸墓に先行する最初期の「古墳」とするべきではないかとする意見が強まった。箸墓の築造に先立って纒向という経済的中核がすでに形成されていたことも，この意見を勇気づけた（寺沢 2011）。

古墳時代の開始年代

そこで重要になったのが，纒向遺跡の形成，纒向型前方後円墳の出現，箸墓古墳の築造などの実年代である。箸墓を代表とする定型的な前方後円墳の出現は，1980年代までは4世紀とみる人も多かった。しかし，1990年代に入るころから，代表的な古墳副葬品である三角縁神獣鏡(さんかくぶちしんじゅうきょう)の研究が進み，その新古が数段階に分けられることや，段階ごとにまとまって副葬される傾向があり，その場合は製作から副葬までの期間は短く見積られることなどが明らかにされた。そうであるとすれば，箸墓と同じ型式かその直後の初期前方後円墳には，一部の例に残された紀年銘から250年前後に製作されたとみてよい三角縁神獣鏡がまとまることがあるので（ただし箸墓自体の副葬品は不明），その副葬すなわち古墳の築造も，250年からあまり隔たらない3世紀中ごろに収まる可能性がある。こうした鏡の研究から，初期前方後円墳の築造年代が3世紀中ごろにさかのぼるとみる考えは，20世紀の終わりには有力となっていた（福永2001）。

それを補強したのは，21世紀に入って精度を増した理化学的年代測定法である。国立歴史民俗博物館は，加速器質量分析法（AMS）という新しい手法による測定結果に土器型式の分析を統合し，箸墓古墳の築造を250年ごろ（240～260年の間）とした。年輪年代法の成果も合わせると，遅くとも3世紀に入るころには纒向遺跡が経済的中核となり，3世紀前半に纒向型前方後円墳が現れ，その帰結として250年ごろに箸墓古墳が築かれたというストーリーが，現状では矛盾が少ない。近畿を中核とする広域経済と，それに連なる各地有力者の秩序が，3世紀の前半から中ごろにかけて形成され整備された。これが古墳時代のはじまりである。

古墳時代の歴史的評価

古墳の秩序の実態を，1980年代の近藤義郎は，大和の有力部族を核とする各地部族の連合と考えた（近藤1983）。「部族」という血縁原理を軸とするのであるから，この連合はいまだ，国家より前の歴史段階の所産だということになる。国家とは，血縁よりも地縁や制度による支配のしくみであるとの古典的な理解に沿って，古墳時代を国家に至らぬ段階とする考えが，このころは優勢であった。

ところが1990年代の初め、都出比呂志(つでひろし)は、軍事的な組織化、租税につながる財の集約、物資流通の差配など、国家的な特性の一部がすでに現れているとして、古墳時代を「初期国家」の段階とした。誰もが国家と認める奈良時代の「成熟国家」への過渡期として、古墳時代の先進度を積極的に見積もったのである（都出1991）。

　21世紀に入ると、国家を唯一のゴールとする単系的な発展論のあてはめよりも、地域の多様性に重きを置いた社会変化の過程に注目が集まるようになった。何をどのようにして、有力者が権威や権力にたどり着いたかという具体的説明が、弥生時代から古墳時代への歴史叙述として求められた。福永伸哉(ふくながしんや)は、日本列島の有力者は、いくつかある権力の源のうち「儀礼」を重視して管理することで中央の権威を生み出したとし、そこに古墳の本質を見出そうとした（福永1999）。辻田淳一郎(つじたじゅんいちろう)や下垣仁志(しもがきひとし)は、政治そのものに経済が埋め込まれているという新しい理論に着目し（辻田2007、下垣2018）、鏡を主とした威信財(いしんざい)の授受による広域の経済システムができたことを重視して、弥生時代から古墳時代への歴史的展開をみる。

古墳時代の経済と社会
　弥生時代から古墳時代への変化については、以上のように、国際的な理論を背景に、儀礼の管理や威信財のやり取りなど、イデオロギーや文化活動の側面に光をあてた歴史的意義づけが、現状では盛んになってきた。しかし、それらを通じた新しい秩序が、なぜ近畿を核として生み出されたのかということは、列島史固有の問題として、別に明らかにしなければならない。

　かつては、広く安定した平野をもった近畿が農業生産力において他地域に対する優位を得たことや、それも元手にしつつ、生産力増大に不可欠な鉄の流通を古墳時代の開始までに近畿が掌握したことなどが、有力な仮説として主張された。しかし、それに先立つ弥生時代の後期末までに、近畿一帯で人口が増加したり、鉄器の数が増大したりするような事実が認められないため、これらの仮説は再検討を余儀なくされている。

　このように、近畿の卓越を経済の面からうまく説明できないことが、文化やイデオロギーを重視する近年の傾向を生み出しているともいえよう。文化やイ

デオロギーが人口や経済をいかにして主導しうるのか，あるいはやはりその逆なのか。この問題を，豊富な資料に基づいて実証的に説明することは，歴史学や人類学の国際的な議論に大きく貢献しよう。

参考文献
小林行雄 1960『古墳時代の研究』青木書店
近藤義郎 1983『前方後円墳の時代』岩波書店
下垣仁志 2018『古墳時代の国家形成』吉川弘文館
辻田淳一郎 2007『鏡と初期ヤマト政権』すいれん舎
都出比呂志 1991「古墳時代の国家形成論序説―前方後円墳体制の提唱―」『日本史研究』343
寺沢薫 2011『王権と都市の形成史論』吉川弘文館
福永伸哉 1999「古墳の出現と中央政権の儀礼管理」『考古学研究』46-2
福永伸哉 2001『邪馬台国から大和政権へ』大阪大学出版会

（松木　武彦）

2 「騎馬民族説」はどうなったのか

「騎馬民族説」とは何か

　「騎馬民族説」とは，敗戦後まもない1940年代の末から1950年代の初めにかけて，東洋考古学者の江上波夫が中心となって唱えた，日本の国家形成に関する学説である（石田・岡・江上・八幡1949，江上1967）。古くは中央ユーラシアに源を発した遊牧騎馬民族のうち，東アジアで高句麗をうち立てた北方ツングース系の扶余族が朝鮮半島を南下して支配を広げ，4世紀には九州に到来，5世紀には近畿に入って在来の勢力を圧倒し，それと合同しながら征服王朝をつくったことが日本国家の起源となったという。そうした内容から，「騎馬民族征服王朝説」あるいは「騎馬民族征服国家説」などとも呼ばれる。

　この説の本質は，機動的な遊牧集団が定着的な農耕集団を征服することによって国家や王朝を生み出すという，国家形成の1パターンとして古典的に受け入れられてきたシナリオを，日本にもあてはめようとした点にある。そのことにより，「何ら特別でない」日本国と，「世界によくある」その誕生過程を描き出したのであった。江上の叙述そのものには「神武東征」などの記紀神話が色濃く取り込まれていたにもかかわらず，世間には清新な学説と映って大きな関心を集めた背景には，戦前までの皇国史観が国民に押し付けてきた日本の特別性や不可侵性の主張を踏みこわしたことへのカタルシスがあったとみられる。

　かたや，考古学を中心とする学界においては「騎馬民族説」への抵抗は初めから強く，今に至るまで，これをそのまま受け継ぐ形での学説の展開はみられない。しかしその一方で，江上が「騎馬民族」の到来と解釈した一連の事象——大陸系文化の急速な伝播——そのものの重要性は強く認識され，今日的な視点と方法によってそれを歴史的に再評価する機運は，近年むしろ強まっている（古代史シンポジウム「発見・検証　日本の古代」編集委員会編2016）。また，

「民族」や「文化」についての進化人類学的な理解も，これまでとは大きく異なってきており，その点からも「騎馬民族説」の新たな意味づけが求められている。こうした現状を受けて，以下では，考古学と進化人類学の近年の議論に照らして，「騎馬民族説」の現状と今後を見通してみよう。

考古学からみた「騎馬民族説」

「騎馬民族説」の方法上の骨子は，日本列島主要部の支配層がのこした物質文化が，南方的・農民的・平和的なものから北方的・武人的・戦争的なものへと不連続に移るととらえ，さらにこの推移が，それぞれをのこした人間集団，すなわち「民族」の交替を表すと考えることにある。したがって，この説の考古学的評価は，①物質文化は不連続に推移したかどうか，②物質文化が「民族」を反映するかどうか，という2点に整理できる。

①について当初から指摘されたのは，馬具が代表する大陸系の器物の一群が古墳時代中期に現れることは確かとしても，支配層の墓である前方後円墳はその前後を通じて連続する事実などが示すように，おもな物質文化に画期的な変化や断絶が認められない点である（小林 1951 など）。また，「騎馬民族」という人間集団がその後の日本列島にそのままの形で根づいた文化的痕跡も乏しい（江上・佐原 1990, 佐原 1993）。これらのことは，まずは事実に基づくことをよしとする日本考古学が，「騎馬民族説」を容易には認めない前提になってきた。

ただし，このような具体的な事柄よりもはるかに本質的に「騎馬民族説」への逆流となったのは，人文学の国際的思潮である。「騎馬民族説」が根ざした侵略・征服による国家形成論は，集団の主体性や内的発展を重んじ，暴力や支配を前面に出した歴史の説明を避けるようになった20世紀末の歴史学においては，ネガティヴな過去の論理になりつつあった。たとえばイギリスでは，鉄器時代の社会変化の要因を「ケルト」などの外来集団の侵略に求めない考え方が一般的になったし，日本でもまったく同様に，弥生文化の成立を在来者の主体的選択で説明する議論がもてはやされた（金関・大阪府立弥生文化博物館編 1995）。こうした思潮の中で，江上が「騎馬民族」の物証とした馬具などの大陸系文物も，列島と朝鮮半島との交渉の中で授受されたり，「渡来人」によってもたらされたりなど，彼我の人々の主体的な行為選択の結果と理解されるよ

うになったのである。

　このような理解の一例として，白石太一郎は，この時期に馬具や馬埋葬などの文物や習俗が日本列島に姿を現したのは，4世紀後半に本格化した高句麗の南下政策に対抗して，そこと敵対する百済や加耶諸国の援助を受けながら倭の政権が取り組んだ騎馬関連技術の充実策の結果にほかならないと述べる（白石 2004）。現在の古墳時代研究では，こうした考え方が，「騎馬民族説」を受けての穏当な理解とされている。

近年の人類学と「民族」の理解

図1　騎馬の大首長（島根県上塩冶築山古墳の資料をもとに復元，島根県立古代出雲歴史博物館所蔵）

　「騎馬民族説」のもう1つの評価の軸は，上記②の，物質文化が「民族」を反映するかどうか，という点であった。ある特徴を共有した人工物の組み合わせを1つの「民族」の存在証明とすることは，ゲルマン人の祖先となる民族の分布や広がりをそうした方法で同定し，結果としてナチスの侵略戦争を「学問的」に正当化してしまったドイツの考古学者G・コッシナや弟子たちの例なども踏まえ，現在ではほぼ否定されている。こうした考えのもとに，ヨーロッパの先史考古学では，「ケルト」などの「民族」を主眼に置いた叙述は大きく退いた。かたや日本考古学では，物質文化と人間集団との理論的関連づけに限っていえば，「騎馬民族」が「渡来人」に置き替わっただけともいえ，そのような理論的方向から「騎馬民族説」を見なおすという根本的課題は今後に残されている。

　「民族」は，形質や血縁ではなく，文化的特徴によって区別される共同体，

あるいは帰属意識を共有する集団ととらえて,「血」よりも「知」の共有をその本質とみる考え方が,20世紀末以降は主流となった。遊牧民族を進取の気風に富むなどとし,農耕民族を保守的などと表現して民族の性質を取りざたした江上の言を,人種差別につながりかねないと痛烈に批判した田中琢(たなかみがく)の論(田中1991)にも,民族を知の共有主体とみなす今日的視点から全面的には賛同しにくい。進取や保守などの気風・行動様式や集団の意思決定システムもまた知の1つであり,後天的に学習され,あるいは喪失され,他に伝播しうる文化情報とみなせるからである。

そのように考えると,「騎馬民族」が取りざたされる4世紀後半〜5世紀の前と後とで,日本列島に居住した集団の知の内容が大きく変化したことには注意しなければならない。馬関連のみならず,かまどや須恵器(すえき)を用いる生活様式,色彩の好み,横穴系の墓制,男系親族(田中1995)など,大陸に起源する新しい知を共有する集団が列島に形成され,それが以降の国家形成の主体になったという新たなシナリオに発展させることは可能である。

近年,DNAの解析などから,遺伝的集団としての過去の人々の動きが精細に復元されるようになってきた。一方で,上記のように民族を知の共有体とみなすことによって,「民族」という古い言葉の桎梏(しっこく)から解放された文化的集団としての人々の動態を復元するという視点が得られた。遺伝的集団にどのように文化的情報が共有され,社会や国家を形成する主体となっていくのか,そのプロセスとメカニズムを追求することが,日本列島の新しい先史社会像を解明するための本筋となるだろう。

今後,「騎馬民族説」自体がそのままの形で復活することはありえない。しかし,上に述べたような新たな視点と方法でその枠組みが見なおされることで,日本考古学が新たな方法的地平を迎えるための重要な契機を提供するのは間違いない。

参考文献

石田英一郎・岡正雄・江上波夫・八幡一郎 1949「日本民族=文化の源流と日本国家の形成」『民族学研究』13-3

江上波夫 1967『騎馬民族国家』中央公論社

江上波夫・佐原真 1990『騎馬民族は来た⁉ 来ない⁉──「激論」江上波夫 vs 佐原真』小学館
金関恕・大阪府立弥生文化博物館編 1995『弥生文化の成立──大変革の主体は「縄紋人」だった』角川書店
古代史シンポジウム「発見・検証　日本の古代」編集委員会編 2016『騎馬文化と古代のイノベーション』（発見・検証 日本の古代 II）角川文化振興財団
小林行雄 1951「上代日本における乗馬の風習」『史林』34-3
佐原真 1993『騎馬民族は来なかった』日本放送出版協会
白石太一郎 2004『考古学と古代史の間』筑摩書房
田中琢 1991『倭人争乱』（集英社版日本の歴史 1）集英社
田中良之 1995『古墳時代親族構造の研究──人骨が語る古代社会──』柏書房

（松木　武彦）

3　日本列島の古墳はなぜ巨大なのか

人類と巨大モニュメント

　今日の高層ビルやダムのような実利的機能をもたないにもかかわらず，莫大な財と労働力を投入して築かれた巨大な構築物や建造物が，人類史にはしばしばみられる。物理的な役割よりも心理的な役割のために造られたこのような構築物や建造物を，考古学ではモニュメントと呼ぶことがある。ホモ・ネアンデルターレンシスもモニュメントを造った可能性が近年では説かれているが，その名にふさわしいほどの規模と見た目を誇る巨大モニュメントは，私たちホモ・サピエンスの"専売特許"といえる。

　世界的にみると，氷期が終わって温暖化し，植物資源に頼って定住するようになった新石器時代にモニュメントの造営は本格化し，さらに金属が現れて王や都市をもつ階層社会ができると，モニュメントはしばしば巨大化した。やがて，制度に根ざした国家が確立し，キリスト教や仏教などの有史宗教（世界宗教）が発生した後は，それと結びついた寺院型のモニュメントが中世以降にかけて営まれた。

　日本列島の古墳は，国家前の階層社会を代表する巨大モニュメントである。紀元後3世紀半ばから6世紀までの約350年間に築かれたその数と規模は世界に類をみないほどであるが，なぜこれほどまでに顕著なモニュメント築造が日本列島の国家前段階の社会で行われたのか，その要因とメカニズムを追究する必要性が，21世紀に入って急速に進む考古学の国際化の中で，日本考古学が取り組むべき人類史の課題として浮かび上がってきた。

古墳の人類史的系譜

　王やその他の有力者を葬った階層社会固有のモニュメントが最初に巨大化し

たのは，紀元前3000年紀のアフリカ大陸・ナイル川流域のエジプト文明で，最大とされるクフ王のピラミッドは一辺230 m，創建時の高さは146.5 mであった（近藤2018）。これとは別に，同じころのユーラシア大陸中央部では，木材などで組んだ有力者の墓室を土石のマウンドで覆った「クルガン」と通称される墳墓が現れ，発達しながら東西に伝わる。最大級に発達するのはトルコ周辺で，紀元前1000年紀の中ごろ，径300 m・高さ50 mを超えるものが現れた（大村2018）。

西方の一群は，ヨーロッパ北西部に広がる鉄器時代前期のハルシュタット文化でとくに発達し，いわゆる「ケルト」の王侯貴族墓として営まれた（クノフ2018）。東方ではモンゴルなどに伝播したが（林2018），中国で戦国～秦・漢代に発達した皇帝陵や王侯墓の直接の淵源となったかどうかはまだ不明らしい。しかし，地上または地下に埋葬施設や副次施設を設け，その上に墳丘（封土）を盛るという構造は広く共通し，こうしたクルガン系統の墳墓モニュメントがユーラシアの東西において時間的・空間的に大きな広がりをもったことは確かである。

ユーラシア西端のヨーロッパでは，王墓型のモニュメントをあまり大きく発達させない地中海文明に発するローマの支配が広がったため，王墓は紀元後には衰退しており，主としてローマ支配の縁辺で残った（福永2018）。ローマ撤退後は，ブリテン島や北欧において，中世初期の王侯墓として最後の発達をみせる。一方，ユーラシアの東端では，後漢の滅亡とともに，皇帝陵や王侯墓は大墳丘をもたなくなるが，その風は朝鮮半島と日本列島に伝わり，折から勃興しつつあった王や有力者の地位表示として隆盛した。

以上のように，前方後円墳を代表とする日本列島の古墳は，朝鮮半島の同時期の墳墓とともに，ユーラシアに広がったクルガン系統の墳墓群の最終型式として，その東の端で末期的な隆盛をみせたものであるということが明らかになってきた。

巨大さとその要因

日本列島の古墳と朝鮮半島の墳墓とを比較すると，日本列島の古墳が圧倒的に大きい。朝鮮半島で最大の規模に達したのは，5世紀の新羅王の墓とみられ

図 1　東アジアにおける 4〜6 世紀の墳墓の展開（新納泉 1992「時代概説 古墳時代」日本第四紀学会・小野昭・春成秀爾・小田静夫編『図解 日本の人類遺跡』東京大学出版会より，一部改変）

る慶州・皇南大塚であるが，長さは 120 m にとどまり，日本列島最大の大阪府大山古墳（仁徳天皇陵古墳）の 4 分の 1 にすぎない。高句麗・百済の王墓の墳丘はさらに小規模である。まずは，同じ人類史的脈絡で生み出された朝鮮半島の墳墓に対する大きさの意味を考えることが，日本列島の古墳の巨大さを解

く最初の手がかりとなろう。

　第1として注意されるのは，その立体構造である。ユーラシア大陸のクルガン系墳墓は，すでに述べたように，地上または地下の埋葬施設を墳丘で上から覆うのが一般的であるが，日本列島の古墳は，先に墳丘を築いてからその頂部に埋葬施設を設けるという点で，世界的にも特異である（スカー2018）。つまり，被葬者を高い場所に位置づける目的で墳丘を築くという意志が存在した点で日本の古墳はユニークであり，被葬者の権威を演出するというモニュメントとしての視覚的機能を満たすために，その高さを保証する墳丘の巨大さがひときわ強く求められた。6世紀以降，朝鮮半島と同じように埋葬施設を地上に造って墳丘で覆う横穴式石室に変化すると，巨大だった墳丘が一転して縮小していく事実は，それを支持する。

　第2に，高句麗・百済・新羅の大型墳墓が，王都に住む王族とその周辺の有力層にほぼ限られるのに対し，日本列島の大型古墳は広い範囲に分布し，大王から地方の有力者に至る幅広い階層によって営まれている。階層の差は墳丘の規模に表示されたので，その幅が大きくなればなるほど，上位の古墳には大規模化が要請されることになる。つまり，日本列島の古墳時代の王権が隔絶的でなく，各有力者が階層に応じて連合する形をとるという特異な支配構造がその頂点の古墳を巨大化させたという論理であり，日本の古墳の特異な巨大さを説明する理由として，20世紀の終わりには古墳時代研究の中では有力な考え方となっていた（白石1999）。

　第3として重要なのは，他種のモニュメントや構造物との関係である。朝鮮半島では，墳墓の築造と併行して山城（さんじょう）や羅城（らじょう）などの防御施設が築かれるのに対し，日本列島の古墳時代は世界的にみても特異なほど，防御施設が発達しない階層社会である。この理由として，朝鮮半島では百済と高句麗の対立を軸とした相互の侵攻が日常的であったために多くの防御施設を必要としたのに対し，海に囲まれて侵攻の危険がほとんどない日本列島ではそれを必要としなかったという，歴史的環境条件の違いが考えられよう。すなわち，通常であれば防御施設の建設に投下しなければならない財・労働力・時間も墳墓築造に振り向けることができたという特異な環境が，日本列島の古墳の巨大化を促したという仮説である。

朝鮮半島との比較を離れ，さらに巨視的な人類史の視点から考えると，王墓型モニュメントは，古代地中海世界のような集団型の社会ではなく，リーダーに集団の意思決定の多くが託され，財の配分や流通にもリーダーが多く関与する個人型の社会が顕著に階層化するプロセスで出現する。また，西ヨーロッパと東アジアのこの段階の墳墓に共通してみられるように，文字に基盤を置く有史宗教や法の制度が社会を律し始めると，王墓型のモニュメントは衰退する（福永 2018, 松木 2011）。このことから，制度が未熟でありながら階層化が進んだ社会で，王墓型モニュメントは最も発達するという一般則を導くことができよう。

　日本列島の古墳時代は，弥生時代に進んだ社会の階層化が一定の到達点に達した一方で，文明の中心からは海を隔てて最も遠く離れ，文字による制度の導入はきわめて遅かった。王墓モニュメントを巨大化させるこのような一般的条件に加え，朝鮮半島との比較で述べたようないくつかの個別的条件が相乗的に働いたことによって，世界でも稀にみるほどの規模と数の王墓モニュメントが日本列島に現れたのであろう。

参考文献

大村正子 2018「アナトリアの墳丘墓―トゥムルス―」上野祥史編『世界の眼でみる古墳文化』（企画展示図録），国立歴史民俗博物館

クノフ，T. 2018「ヨーロッパの墳墓」同上

近藤二郎 2018「古代エジプトのピラミッド」同上

白石太一郎 1999『古墳とヤマト政権』文藝春秋

スカー，C. 2018「日本と世界の墳丘墓」上野祥史編『世界の眼でみる古墳文化』（企画展示図録），国立歴史民俗博物館

林俊雄 2018「中央ユーラシア草原地帯の古墳文化」同上

福永伸哉 2018「欧州の墳丘墓と日本の古墳」同上

松木武彦 2011『古墳とはなにか―認知考古学からみる古代―』角川学芸出版

（松木　武彦）

4　製鉄のはじまり

日本列島での製鉄の開始時期

　製鉄とは本来，鉄鉱石や砂鉄を製鉄炉で還元することから始まり，斧や刀などの鉄製品ができ上がるまでの全工程を指すが，ここでいう製鉄とは，鉄鉱石や砂鉄という鉄の原料を還元する工程のことである。鉄製品ができるまでの工程は，大きく製錬（smelting），精錬（refining），鍛冶（foraging），鉄器製作の4つからなり，ここで扱う製鉄とは製錬のことである。

　日本列島における鉄の歴史は，紀元前4世紀前葉に中国東北地方で作られた鋳造鉄器を使用することから始まる。紀元前3世紀には九州北部で鉄の素材をもとに弥生独自の鉄器を作るようになり，紀元後4世紀には不純物を多く含む鉄塊の純度を高める精錬，そして6世紀第3四半期には遅くとも製鉄が始まる。

　しかし鉄器の使用から製鉄の開始まで約1000年もかかるのは長すぎであり，しかも紀元前1世紀末の弥生中期の終わりごろには朝鮮半島南部でも製鉄が始まっているのだから，おそくとも弥生後期には日本でも製鉄が始まっていたという，いわゆる弥生製鉄説が1970年代から存在した。

　また弥生後期に日本列島で製鉄が行われていたとなれば，いわゆる鉄の確保をめぐって始まったという倭国乱の原因説や，その結果，近畿に前方後円墳が成立するという古墳時代開始論にまで影響を及ぼすだけに，弥生製鉄説は多くの研究者の関心を呼んできた。

　しかし，先述したように最古の製鉄炉が出てくるのは6世紀第3四半期，最古の製錬滓（製錬でできる鉄滓）でさえ5世紀末までしかさかのぼらないので，古墳時代中期から後期にかけて日本の製鉄は始まったというのが現状である。

古墳時代〜古代の製鉄

　鉄の原料は鉄鉱石と砂鉄である。鉄鉱石には，磁鉄鉱（Magnetite），赤鉄鉱（Hematite），褐鉄鉱（Limonite）の3種類がある。不純物が少ない最も良質な鉄鉱石は磁鉄鉱で，古墳時代後期に出現する製鉄炉で使われたのは磁鉄鉱であった。

　日本刀の原料として有名な砂鉄には，山砂鉄，浜砂鉄，川砂鉄があり，近世たたらで有名なかんな流しでは山砂鉄が使われるが，古墳時代〜古代は浜砂鉄や川砂鉄が主に使われたと推定される。また中国地方には2種類の砂鉄がある。1つは花崗岩系で不純物の少ない酸性で真砂砂鉄と呼ばれる砂鉄で，主に山陰側に分布する。もう1つが閃緑岩系で不純物の多い塩基性で赤目砂鉄と呼ばれる砂鉄で，主に山陽側に分布する。

　製鉄炉は鉄鉱石や砂鉄を木炭で還元する炉本体に，炉内に空気を送る送風管（羽口）がつく。また鉄鉱石や砂鉄を還元するために大量の木炭がいるので，木炭窯もセットとなる。

　古墳時代〜古代の製鉄炉は構造上，箱形炉と竪形炉の2つに分かれるが，日本で最初に現れるのは箱形炉である。

　箱形炉は平面形が方形〜長方形で，炉の下に防湿設備を備えた地下構造をもち，壁が立ち上がって炉壁となすが，製品である鉄を取り出す際，炉壁を壊してしまうので，遺跡から炉壁が立ち上がったままの状態で見つかることはまずなく，炉壁の破片が見つかればいい方である。したがってどの程度の高さまで壁が立ち上がっていたのか，推定するのは難しい。

　平面形が長方形の箱形炉の場合，両長辺の下部に穴を空けて外から風を送って温度を上げるための空気の通り道である送風管を取り付ける。

　操業は次のような手順で行う。まず炉に木炭と鉄原料を投入する。砂鉄ならそのまま，薄く振りかけるようにまんべんなく炉内にまくが，鉄鉱石は事前に焼いてから小割にしておく。鳩の卵ほどの大きさなのでピジョンエッグと呼ばれている。鉄鉱石の内部まで還元が進むための下準備である。

　点火して温度が上がると，木炭から発生する一酸化炭素が鉄原料中の酸素と結びついて鉄から分離するという還元反応が起こり，原料鉄や炉壁に含まれているチタンやケイ素など不純物を中心とする鉄滓分が熔融状態になって，炉の

下部に設けられた穴から流出する。こうやって流れ出たものを炉外流出滓という。

　鉄は熔融状態になりながら炉底部に形成されるが、炉中に鉄塊として生成させるか、熔融状態の鉄を炉外に流出させる。古墳時代の場合は前者が主であったようである。

　炉中にできたものは炉内滓や製錬系鉄塊と呼ばれる。古墳時代の場合、700〜800度の半還元状態の海綿鉄（Bloom）が得られたと考えられ、これを加熱・鍛打して不純物を取り除いて錬鉄（Wrought iron）を作る。この工程が精錬である。箱形炉はもともと還元帯が短いため高炭素になりにくい。

　錬鉄は炭素量が0.1％以下であり、刀や斧などの利器としては軟らかすぎて使えないので、炭素量を上げる必要がある。炭素量を上げて表面を硬化させるための工程が滲炭（Cementation）である。600度前後に加熱して、その後、空気中で徐冷し、表面に炭素を吸着させる。

最古の製鉄炉

　現在のところ、最も古い製鉄炉の1つが岡山県総社市で見つかった千引カナクロ谷遺跡である（図1）。傾斜面に扇状の平坦面を確保して作業場とし、炉の周りに平面が馬蹄形の溝を巡らす。まず地山に205×135 cmの隅丸長方形の土坑を掘り、石を敷いて地面から湿気が上がってくるのを防ぐ。周囲を盛り上げ100×160 cm程度の土坑状の浅い凹みを下部構造

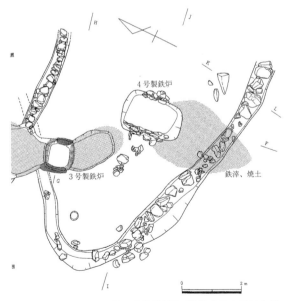

図1　千引カナクロ谷4号製鉄炉（総社市教育委員会編 1999）

図2 箱形炉本体（総社市教育委員会提供）

とする（図2）。そこから壁が立ち上がっていたのであろう。

操業は5回以上行われたようだ。炉の底に溜まった溶融状態の鉄を南側に搔（か）き出し，800度で保温されて，急冷ではなく徐冷された鉄塊系遺物が製品であった。鉄塊系遺物を分析したところ，原料は良質の磁鉄鉱で，トータル鉄（T. Fe）が63.9％と高品質であったことがわかっている。

時期は，排滓（はいさい）溜まりに投棄された須恵器（すえき）から，6世紀第3四半期に比定された。

本遺跡からは全部で4基の製鉄炉が見つかっているが，6世紀後半は低温操業だったものの，7世紀前半以降には砂鉄を原料として高温化操業が行われ，高炭素系の鉄塊を生産していたことがわかっている。炉を小型化することによって高温化・高炭素化することに成功したと考えられている。

当初，鉄鉱石を原料として始まった古墳時代の製鉄だが，当時の技術で採掘できた地面近くの鉄鉱石が枯渇すると，砂鉄原料へと移行することになったと考えられる。

参考文献
潮見浩 2000『図解技術の考古学（改訂版）』有斐閣
総社市教育委員会編 1999『奥坂遺跡群』（総社市埋蔵文化財発掘調査報告書15）

（藤尾慎一郎）

Ⅵ 古　代

1 考古学からみる古代国家の誕生

　日本歴史の時代区分で，古代とは，飛鳥時代・奈良時代と平安時代中ごろまでを指す。西暦でいうと7世紀から10世紀までをあてることができる。古墳時代を特徴づけた前方後円墳の造営が終焉したころから，摂政・関白による政治が終わり，院政期を迎えるころまでの約350年とみてよい。古代国家が成立し，それが変容し崩壊するまでの時期である。

　ここでは，私がとくに専門としている古代の前半，飛鳥時代から奈良時代前半に焦点をあて，とくに考古学の立場から，この30年の成果を整理したい。

　なぜならば，この間に飛鳥宮，藤原宮・京，平城宮・京の発掘調査が飛躍的に進んだ。また，地域支配の拠点である地方官衙(かんが)の調査も進展した。さらに，これらの遺跡から文字資料である木簡(もっかん)が大量に出土し，古代の国家形成の様子が，より明確に描けるようになったからである。

　また，これまでの中央中心の歴史観とは異なる列島各地に視点をおく歴史像が描かれるようになった。東北地方の多賀城(たがじょう)跡，秋田城跡をはじめとした城柵(じょうさく)官衙遺跡，九州地方の大宰府(だざいふ)跡など，そして，そのさらに外に位置する東北地方北部・北海道，九州南部から奄美群島での発掘調査の成果から，新たな視点で日本の古代が考えられるようになった。

　このような新しい考古学の発掘調査と研究成果は，文献史学の史料の読み直しを促し，同じ史料であっても，その解釈に再検討を迫る。新しい資料の発見，そして，それにもとづくこれまでの史料の解釈の再検討，新しい解釈の提示，新しい古代の国家像の構築は，歴史研究の醍醐味でもある。

　私が大学を卒業して30年あまり，まさに，このようなことを実体験として経験した。その体験を交えつつ，古代国家誕生の様子について，何がわかってきたのかを述べてみたい。

ところで，今から30年あまり前，私が現在勤務する国立歴史民俗博物館がオープンしたころ（1983年）は，考古学の立場から古代国家誕生の様子（飛鳥時代）を描くことは困難であった。わずかに古墳の終末から，新しい国家の成立が検討できたにすぎない。有名な箸墓(はしはか)古墳模型のある古墳時代のコーナーの次には，平城京羅城門(らじょうもん)の復元模型が展示されていた。古墳時代が終わると，すぐに奈良時代の展示となっていた。私が歴博に着任したのは2010年。展示をみて飛鳥時代のものが何もないのに驚いたことを記憶している。それほど飛鳥時代のことは，考古学からはわかっていなかったのである。

図1　古代国家形成にかかわる王宮と地方官衙

　ところが，近年の考古学の発掘調査・研究の成果では，飛鳥時代の多くのことを明らかにした。2019年3月のリニューアルでは，飛鳥時代を扱ったコーナーが，初めて登場する。考古学でも飛鳥時代を語れるようになったのである。この30年の成果で，飛鳥時代，とくに古代国家の誕生をとりあげる理由である。

（林部　均）

2 古代の国家形成と飛鳥宮

王宮・王都の変遷

まず,この30年,王宮・王都の発掘調査・研究から整理してみよう。

王宮は天皇(大王)の住まい,王都はその周辺の役人(官人)たちの居住区である。宮都,都宮と呼ぶこともある。

王宮・王都は,王権の所在地であり支配のための拠点である。その所在地,形態,大きさには,王権のもつ権力基盤,権威・権力や支配方法などが反映される。そこで,その分析から,古代の国家形成などを検討することができる。これまで,考古学からも,発掘調査でみつかった王宮・王都の形態の詳細な検討から,この問題が考えられてきた。

その代表的なものは,『日本書紀』の記述をもとに復元された飛鳥時代前半の小墾田宮を原形として,飛鳥時代終わりから奈良時代の藤原宮,平城宮の内裏・大極殿・朝堂を南北に配置する形態を完成型とみて,それに向けて順調に発展していくというものであった。このような王宮・王都の変遷をみる限り,古代の国家形成は,王宮の施設をより充実したものにしていくという方向で,順調に進んだとみてよい。

ところが,この30年,飛鳥・藤原(奈良県橿原市,明日香村など)と呼ばれる地域の発掘調査が飛躍的に進展し,飛鳥宮の様相がより明確になった。この新たな調査・研究の成果を加えて検討することにより,これまでとは違った王宮・王都の変遷が描けるようになり,古代の国家形成についても,具体的に検討することができるようになった。

発掘調査からみえてきた王宮の実態

飛鳥宮跡は,奈良県高市郡明日香村岡に所在する宮殿遺跡である。1959(昭

和34）年からの発掘調査により，ほぼ同じ場所に，大まかに3時期の遺構の変遷があることが明らかとなった。そして出土した土器や木簡の年代などの検討から，舒明・皇極・斉明・天智・天武・持統の6代の天皇（大王）の4つの王宮があったことが判明した。飛鳥岡本宮（630年～），飛鳥板蓋宮（643年～），後飛鳥岡本宮（656年～），飛鳥浄御原宮（672年～）である。まさに古代の国家形成にかかわる王宮が飛鳥宮跡に所在したことがわかったのである。

　飛鳥宮跡の発掘調査・研究の成果を王宮・王都の変遷に加えたのが，図1である。まず，図1をみていえることは，王宮・王都の変遷が，単純な発展だけではなかったということである。孝徳が大化改新の政治改革を行った難波長柄豊碕宮（652年～），すなわち，前期難波宮から斉明の後飛鳥岡本宮，飛鳥宮跡Ⅲ-A期（656年～）では，前者が内裏と大極殿に相当する巨大な正殿と朝庭・朝堂が南北に配列された巨大な王宮であるにもかかわらず，後者では，内裏はそのまま継承されるが，朝堂の空間が消滅する。この朝堂の空間は，藤原宮で復活するので，前期難波宮の次の王宮である飛鳥宮跡Ⅲ-A期には継承されなかったとみるほかない。また，それに続く，天智の近江大津宮跡（錦織遺跡），天武・持統の飛鳥浄御原宮でも復活することはない。王宮・王都は単純に整備されていく方向だけで展開したのではないことは明らかであろう。逆行することもあったのである。私は，このことから，古代の国家形成も単純に進んだのではなく，さまざまな紆余曲折があったと考える。もとより古代の国家形成が単純に進んだと考えること自体が問題であるが，そのことが飛鳥宮跡の発掘調査で考古学の立場からもはっきりといえるようになったということである。

王宮の変遷と政治改革

　さらに，図1をみると，王宮・王都の変遷で大きく変化する時期を読み取ることができる。前期難波宮と藤原宮であろう。この2つの王宮の造営は，画期的なものであり，古代の国家形成においても，大きな変化点であったとみることができる。

　前期難波宮は孝徳の難波長柄豊碕宮であることが，近年の発掘調査で出土した土器や木簡などから確定した。すなわち孝徳が大化改新と呼ばれる政治改革

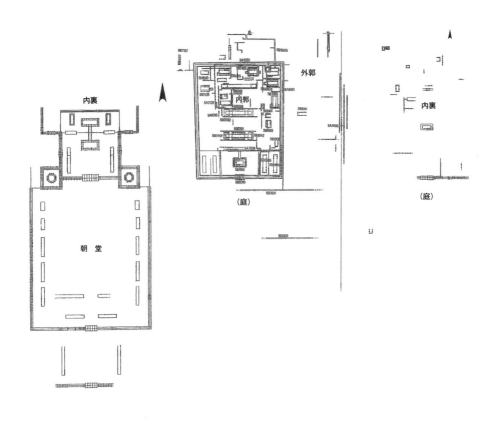

　　　　前期難波宮　　　　　　　　飛鳥宮Ⅲ－Ａ期　　　　　　　　近江大津宮
図1　日本の古代王宮の変遷

を推進した王宮である。王宮も飛鳥から難波に遷し，さらに広い朝庭という儀
式をする空間をもち，それを取り囲んで朝堂が16堂も配置されている。かつ
て，古代史の分野では，大化改新と呼ばれる政治改革の有無が議論されたこと
があったが，発掘調査の成果をみる限り，この時期に何らかの大きな政治的な
変化があったとみるほかない。そして，その王宮の形態が後の藤原宮に類似し
ていることは，藤原宮段階の政治形態の先取りを目指していたと考えてよい。

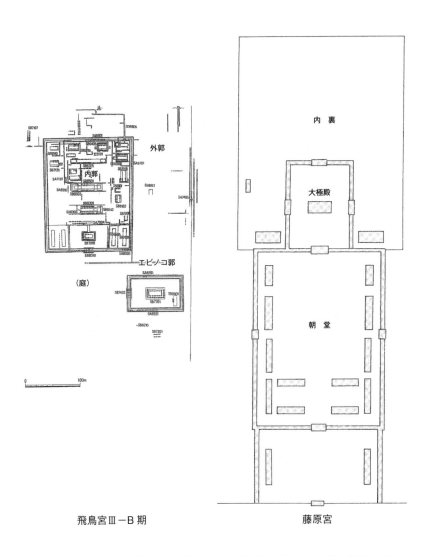

飛鳥宮Ⅲ－B期　　　　　　　　　藤原宮

それが，次の斉明の後飛鳥岡本宮である飛鳥宮跡Ⅲ-A期に継承されないということは，早すぎた政治改革とでもいうべきであろうか。

図1からは，まだまだ，いろいろなことが読み取れる。天智の近江大津宮（錦織遺跡）は，これまで，前期難波宮をモデルに復元がなされていた。しかし，発掘で見つかった遺構を整理する限り，飛鳥宮跡Ⅲ-A期と共通点が多い。天智は白村江の戦いの戦後処理を斉明の後飛鳥岡本宮，すなわち飛鳥宮

2　古代の国家形成と飛鳥宮　135

Ⅲ-A期で行った。その天智がさまざまな政治改革をめざして遷都した王宮が，飛鳥宮跡Ⅲ-A期によく似ていることは，当然といえば当然のことである。このことは近江大津宮の性格や近江遷都の意味を考える上でも重要で，天智がその晩年に構想した湖東での王都の造営計画が気にかかる。

さらに，飛鳥宮跡Ⅲ期は近江遷都を狭んで前半と後半がある。前半がⅢ-A期で斉明・天智の後飛鳥岡本宮（656年～）である。後半が天武・持統の飛鳥浄御原宮（672年～）である。Ⅲ期は内郭とエビノコ郭と外郭で構成される。内郭は後の内裏に相当する。エビノコ郭は，後の大極殿院にあたる。外郭は役所が配置された空間である。Ⅲ-A期は内郭だけの段階，Ⅲ-B期は内郭はそのままで，その東南にエビノコ郭という新しい空間をつくる。Ⅲ-B期は天武・持統の飛鳥浄御原宮であることは，その廃絶に伴う土器や出土木簡から確実である。そうすると，天智の子である大友王子と王位継承の争いである壬申の乱（672年）を勝ち抜き，飛鳥で即位した天武の王宮は，Ⅲ-A期にエビノコ郭を付加しただけであったという事実が明らかとなる。天武は『万葉集』などで「大君は神にしませば」と，絶対的な権力をもった天皇としてのイメージが強いが，その王位継承の正統性や権威を示す王宮は，母の斉明の王宮をそのまま継承しただけであったことがわかる。このことは天武朝を考える上で示唆的なことである。天武は，とくに前半期において，ほんとうに絶対的な権力をもった天皇であったのであろうか。いずれにしても，王宮のかたちから王権の性格を考えられるようになった。

王都の形成

ところで，図1では，わかりにくいが，飛鳥宮Ⅲ-A期，すなわち後飛鳥岡本宮ぐらいから，王宮の周囲に王都の形成が始まる。そして，天智の近江大津宮にも継承され，飛鳥宮跡Ⅲ-B期，飛鳥浄御原宮において，実態として領域をもった王都，「京」が成立する。しかし，これらの王都には，どのような方格地割も存在しなかった。建物の造営方位を正方位で揃えるという，ゆるやかな規制があったにすぎない。しかし，王都が形成されることにより，役人たちの集住を促すこととなり，律令制のもとでの官僚制が整備されつつあったことを示す。そして，藤原宮において，初めて条坊制が導入され，本格的な方形街

区をもった都城が形成される。

考古学からわかること

このように，王宮・王都の変遷を検討していくと，考古学からも，古代の国家が整えられていく様子が，おぼろげながらも明らかとなる。政治改革の様子も明らかとなる。ただ，考古学からわかることは，あくまで変化の大まかな様子だけであって，具体的にどのような政治改革であったのかまでは明らかにすることはできない。考古学の限界でもある。ただ，考古学から明らかになる事実は，発掘調査にもとづき地中から見つかった生の資料により明らかになった事実であり，『日本書紀』等にみられるように，奈良時代の編纂者の価値観による潤色などを考える必要はない。そういった意味で，考古学の古代史に果たす役割は大きい。

参考文献

岸俊男 1988『日本古代宮都の研究』岩波書店
林部均 2008『飛鳥の宮と藤原京―よみがえる古代王宮―』吉川弘文館

（林部　均）

3 多賀城と大宰府

東と西の役所

　古代国家の東，現在の東北地方北部には，蝦夷と呼ばれる国家の支配に従わない人々が住んでいた。それらの人々を支配に組み込んでいく軍事的な役割と東北地方南部の陸奥国の支配のために設置されたのが多賀城である。一方，古代国家の西，西海道（九州）の支配と朝鮮半島など大陸との外交の窓口となるべく設置された役所が大宰府である。ともに長年にわたる発掘調査・研究により，その実態が明らかとなっている。さらに，近年の発掘調査の成果は，その成立過程について，新たな視点からより具体的に検討できるようになりつつある。

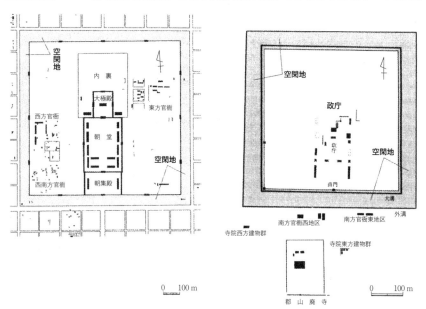

図1　藤原宮（左）と仙台郡山官衙遺跡（中央），福原長者原官衙遺跡（右）

多賀城と仙台郡山官衙遺跡

　多賀城は，仙台平野の北辺，宮城県多賀城市に所在する城柵官衙遺跡である。多賀城には役所の中枢である政庁と，その周囲を取り囲む外郭が存在する。政庁は，8世紀前半から10世紀中ごろまで，4時期の変遷が確認されている。政庁を実務の上から支えた役所は，外郭の中の各所に配置された。また，多賀城南面には，南北大路を中心に8世紀後半ごろから方形街区が形成されるようになる（市川橋遺跡・山王遺跡）。

　ところで多賀城の創建にかかわる記録は，『続日本紀』にはみられない。多賀城外郭南門のすぐ北西に多賀城碑と呼ばれる石碑がある。江戸時代の元禄年間（1688～1704）に掘り出されたもので，現在は覆屋がかけられている。多賀城碑は，天平宝字4（762）年に藤原朝獦が，多賀城を荘厳に整備したことを記念して建てられた顕彰碑である。それによると，多賀城は大野東人によって神亀元（724）年に修造されたことがわかる。発掘調査でも，それを裏付ける木簡などが出土しており，大まかに，多賀城政庁I期は，この時期に造営されたと考えてよい。奈良時代前半には，古代国家の地域支配が，東北地方南部にまで及んでいたことを意味する。

　しかし，この30年の発掘調査の進展により，多賀城の創建をさらにさかのぼる官衙遺跡の存在が知られるようになった。多賀城が位置する同じ仙台平野でも南，多賀城から約20kmの仙台市長町に所在する仙台郡山官衙遺跡である。発掘調査で2時期の官衙遺構が見つかっている。I期官衙は大きく傾きをもった建物群で，いくつかのブロックに分かれている。7世紀中ごろの造営で城柵と考えられている。II期官衙は，I期を全面的に建て替えたもので，東西約428m，南北約423mの方形の区画施設の中に東西棟の正殿をはじめとして，儀式を行うための広場や，それを取り囲ん

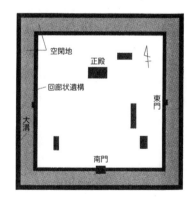

図2 多賀城跡平面図

だ建物を配置している。多賀城に先行する初期の陸奥国府と推定される。その大きさは，ちょうど藤原宮を4分の1にしたものであり，外郭施設の外側を巡る大溝や空閑地の存在は，藤原宮のそれと，まったく同じである。II期官衙は藤原宮をモデルに造営された（図1）。

これまでの古代国家による東北地方の支配は，多賀城の創建が1つの画期として考えられていたが，7世紀中ごろくらいから，まず城柵がつくられ，そして，7世紀終わりには，藤原宮をモデルにした多賀城に先行する陸奥国府が造

営され，多賀城へと発展していることが明らかとなった。また，その展開過程は，古代国家の東北地方の蝦夷政策とも深くかかわる。古代国家が東北地方をいかに支配に組み込んでいくかということで，重要な成果と考える。

さらに多賀城では，その創建期の外郭の形が，従来復元されてきた外郭とは異なることが最近明らかとなった。外郭南門と政庁南門の間で門に相当する施設と，区画施設の一部が検出されたからである（図2）。また，政庁周辺においても，下層遺構が存在することがわかってきているので，いまだ，初期の陸奥国府である郡山遺跡Ⅱ期官衙から，多賀城にどのように発展していくのかは不明な点が多い。ただ，こういったことを解明していく中で，古代国家の東北支配の具体的な様相が明らかとなると思われる。

大宰府と福原長者原官衙遺跡

大宰府は福岡平野の南，四王寺山の麓に造営された官衙遺跡である。都府楼と呼ばれてきた。もともと，大宰府は，博多湾沿岸に置かれた筑紫大宰に由来し，白村江の戦いにより，内陸に移転したものといわれている。大宰そのものは，広域を支配する役割を担ったもので，吉備や周防，伊予などにも置かれていた。それが筑紫の大宰府として1つだけになるのは，7世紀終わりである。古代国家最大の地方官衙として，西海道諸国の統括と朝鮮半島や大陸との外交の窓口として機能した。西海道諸国の税などはいったん大宰府に納められた。国家からの命令や，国家への上申も，すべて大宰府を通さなくてはならなかった。大宰府が「遠の朝廷」と呼ばれるゆえんである。

大宰府は政庁と周辺官衙とからなり，さらに，その周囲に方形街区が展開していた。政庁は発掘調査で大まかに3時期の変遷が明らかとなっている。礎石建物で屋根に瓦を葺いて，より荘厳になるのがⅡ期政庁からである。大宰府の創建についても『続日本紀』には記録が残っていない。出土した建物の地鎮具に使われた須恵器やⅡ期の政庁正殿の基壇土に含まれる土器の検討から，8世紀前半にⅡ期政庁は成立したと考えられる。Ⅰ期については調査に制限があることから，掘立柱建物の一部の検出に留まる。7世紀終わりのⅠ期の後半には，大規模な建物が検出されており，これが筑紫の大宰府であった可能性がある。

このように大宰府は強大な権力をもった役所であった。西海道諸国へも大きな影響を及ぼした。そのためであろうか，西海道をめぐる古代史は，大宰府を中心に組み立てられることが多い。私は，それを大宰府中心史観と呼んでいる。実際，大宰府が中心となって，さまざまなことが展開したことは多い。私も否定はしない。しかし，ほんとうに大宰府に収斂させてよいのだろうかと常日頃考えていたところに1つの遺跡の発見があった。

福岡県行橋市にある福原長者原官衙遺跡である。高速道路の建設に伴い本格的な発掘調査が始まった。一辺約150ｍのほぼ正方形に回廊状の区画施設を巡らしたもので，その内部では正殿らしき建物も見つかっている。この区画施設の外側には，空閑地と外濠が巡っている。仙台郡山官衙遺跡とは，かなり規模が異なるが，同じように藤原宮をモデルとして造営された官衙とみてよい（図1）。その造営時期は，8世紀初めで，確実に大宰府政庁Ⅱ期の成立に先行する。大宰府が荘厳に整備されるⅡ期政庁より先行して，大宰府政庁に匹敵する規模をもつ地域支配のための役所の存在が明らかとなったのである。

福原長者原官衙遺跡は，8世紀前半から中ごろで消滅する。これをもって地域支配が大宰府に収斂されたとみることもできるかもしれないが，西海道の地域支配も，すべてが大宰府中心ではなく，複雑な経緯を経たことは明らかである。福原長者原官衙遺跡をどのような性格の官衙遺跡とみるかには，さまざまな意見がある。豊前国府の前身とする意見もあるが，大宰府政庁Ⅱ期の成立に先行する巨大な官衙遺跡として，西海道支配にかかわって，何らかの特別な任務をになった役所の可能性を私は考えたい。いずれにしても，福原長者原官衙遺跡の発見は，これまで大宰府中心で組み立てられてきた西海道支配について，それだけでは片づけられない問題を提起していることは間違いない。

古代国家の地域支配

ところで，仙台郡山官衙遺跡，福原長者原官衙遺跡ともに，藤原宮をモデルにしていた。そういった官衙が，古代国家の東と西で呼応するかのように出現してくることは，古代国家が，この時期にどのような地域を重要視していたのかが判明する。古代国家の地域支配は，全国を画一的に進められたのではなく，地域の拠点となるところにまず役所をつくり，そこを核として進められた

のではなかろうか。

　ここでは，近年の調査成果を紹介し，古代国家の東の支配拠点である多賀城，西の支配拠点である大宰府の成立過程をみていく中で，それぞれの地域社会での支配の確立が，それほど単純なものではなかったことを指摘した。今後もこのような視点からの発掘調査・研究が必要であろう。そうすることにより，古代国家の地域支配の具体的な様相が明らかとなるであろう。

参考文献

今泉隆雄 2005「古代国家と郡山遺跡」『郡山遺跡発掘調査報告書　総括編』仙台市教育委員会

林部均 2011「古代宮都と郡山遺跡・多賀城―古代宮都からみた地方官衙論序説―」『国立歴史民俗博物館研究報告』163

林部均 2017「福原長者原遺跡と藤原宮・仙台郡山官衙遺跡」『豊前国府誕生』行橋市教育委員会

　　　　　　　　　　　　　　　　　　　　　　　　　　　（林部　均）

4 沖ノ島

航海安全を祈る祭祀の場

　沖ノ島は福岡市の博多港から約77 km，韓国の釜山(ブサン)から約145 km，玄界灘(げんかいなだ)の海原に浮かぶ絶海の孤島である（図1）。いにしえより，日本列島と朝鮮半島，そして中国を往来する航海の道しるべとしての役割を果たした。特に，倭王権の外交が盛んとなる4世紀から，古代国家の体制が揺らぐ9世紀にかけて，航海安全を祈念する国家的な祭祀が執り行われ，さまざまな宝器が奉献された。その祭祀場は，沖ノ島の中腹，沖津宮(おきつぐう)社殿の北側に巨岩が累々とそびえたつ地を中心として広がっていた。

　宗像(むなかた)大社復興期成会による発掘調査の結果，23ヵ所もの祭祀場が確認され，多種多様な奉献品や祭祀の道具が出土した。「海の正倉院(しょうそういん)」と呼ばれるゆえんである。祭祀の場所や内容は時とともに，岩上(がんじょう)祭祀（4, 5世紀）→岩陰(いわかげ)祭祀（5世紀後半～7世紀）→半岩陰・半露天(ろてん)祭祀（7世紀後半～8世紀前半）→露天

図1　沖ノ島全景（福岡県提供）

祭祀(8,9世紀)と移り変わり，奉献品の内容も変化する。朝鮮半島や中国大陸から持ちこまれたものも少なくない。

祭祀の移り変わり

　沖ノ島は，すでに弥生時代の中ごろには，朝鮮半島から北部九州を経て，日本海沿岸や瀬戸内へと連なる海上交易路の寄港地となっていた。航海安全を祈念するような祭祀も行われていたようである。そして古墳時代の4世紀後半には，その祭祀が非常に大規模なものとなる。

岩上祭祀(4,5世紀)　沖ノ島の祭祀は，沖津宮社殿の北側に集中する巨岩を信仰の対象とする。その最も古い形は，巨岩を神が降臨する磐座（いわくら）として，岩上で祭祀を行うもので，岩上面に石を敷いて奉献品を配置し，その上に大小の石を置くことで祭祀場を設けている。その1つ，17号祭祀遺跡では，祭祀に用いた各種の玉類，車輪石（しゃりんせき）や石釧（いしくしろ）と呼ばれる碧玉（へきぎょく）(緑色凝灰岩（りょくしょくぎょうかいがん）)製の腕飾り，そして21面にも及ぶ銅鏡などが出土した。その中には三角縁神獣鏡（さんかくぶちしんじゅうきょう）も3面含まれていた。

　三角縁神獣鏡は，卑弥呼（ひみこ）が中国の魏（ぎ）へ遣使した際に魏の皇帝から贈られた「銅鏡百枚」ではないか，と考えられている。これまでのところ日本列島では，560枚近くが出土していて，中国の魏や晋（しん）からもらったものと，それを模して倭で製作したものがあると考えられている。倭王権はそれを列島各地の首長たちに分配することで，列島社会の統合をめざしていた。また，碧玉（緑色凝灰岩）製の腕飾りも，倭王権を中心に日本列島各地でやりとりをされていた器物である。

　このような倭王権の密接なかかわりをうかがわせる器物が，祭祀場に奉献されていることから，沖ノ島祭祀が倭王権の主導のもとで開始された状況をうかがい知ることができる。そして，当時の倭が朝鮮半島南部から入手した鉄の延べ板(鉄鋌（てってい）)が奉献品に含まれていることから，朝鮮半島を往来する航海の安全を祈念していたことがうかがえる。

　21号祭祀遺跡では，玄界灘を望むことができる巨岩上に人頭大の石を並べて一辺2mほどの方形の祭壇を設けている。その中央に大石を置いて神の「依代（よりしろ）」としている。その周囲から各種の玉，鉄製の武器・武具・農工具，銅

図2 中国・朝鮮半島由来の奉献品
左上：金製指輪，右上：馬具の飾り（杏葉），下：金銅製龍頭（すべて宗像大社所蔵）

鏡，そして「滑石製模造品」と呼ばれる祭祀具などが出土した。岩上祭祀の最も完成された形態とも評価されている。

岩陰祭祀（5世紀後半〜7世紀） 次の岩陰祭祀の段階になると，巨岩の岩陰の地面を区画して祭祀場を設けるようになる。

奉献品は岩のせり出しよりも外側へ出ないように供えられた。奉献品の中で銅鏡は少なくなり，鉄製の武器・武具・農工具が主体を占めるようになった。また，ミニチュアの鉄器や石製模造品も盛んに祭祀の道具として用いられた。

そして，国際性の際立つ奉献品が確認できることも大きな特徴である。7号遺跡では，金銅製のきらびやかな馬具セットや金製の指輪が出土している（図2上）。馬具セットについては，これまでの研究によって朝鮮半島南部の新羅を中心とした地域との交流の中で製作された可能性が高い。また，金製指輪は正面の花弁形の装飾が特徴的である。このような指輪は，新羅の王や王族が葬られた古墳の副葬品に類例があり，おそらく新羅から持ちこまれたものと考えられる。また，8号遺跡ではカットグラス碗の破片が出土している。外側に浮き出しの円文を施したもので，ササン朝ペルシアで製作されたものと考えられている。このようなガラス容器は，日本では正倉院宝物や伝安閑陵出土品などが知られ，また朝鮮半島の新羅にも類例がある。

このような国際色豊かな奉献品から，当時，日本列島から朝鮮半島，そして中国や西域へと続く交易・交渉のルートが存在し，盛んに人々が往来していたことを想定できる。その中で，沖ノ島は航海安全の祭祀場として重要な役割を

果たしていた。あるいは，祭祀を行った人々の中には，日本列島へ渡ってくる渡来人も含まれていたのかもしれない。

半岩陰・半露天祭祀（7世紀後半〜8世紀前半）　7世紀後半には祭場が岩陰の外にまで広がる半岩陰・半露天祭祀となる（図3）。この段階に用いられた祭祀の道具には，前の段階から続いて石製模造品（形代）が用いられる一方で，土器や金属製雛形品が主流となる。金属製雛形品とは，鉄や金銅のうすい板でつくった人や器物を模したものをさす。

図3　半岩陰・半露天祭祀の場（5号遺跡，宗像大社提供）

人形，楽器，武器，工具・容器などがある。このような道具の成立は，7世紀後半ごろの律令祭祀への移行を反映しているとされる。

また，この段階でも国際性が際立つ奉献品が確認されていて，中国や新羅からもたらされた金銅製龍頭（図2下），唐三彩などが代表的である。

露天祭祀（8,9世紀）　その後，祭祀の場は巨岩から離れ，沖津宮社殿南西に広がる緩斜面へと移った。1号遺跡がその典型的な例で，南北10m×東西9mに区画された方形状の祭壇施設が設けられた。

祭祀の道具や奉献品の構成は，半岩陰・半露天祭祀の段階，そして日本列島

各地の祭祀場と共通している。その一方で，朝鮮半島や中国由来の奉献品はみられなくなる。他に特徴的なものとしては，奈良三彩，皇朝銭(こうちょうせん)，八稜鏡(はちりょうきょう)などがある。このようなあり方は，律令祭祀の普及のもとで，祭祀の形が定型化したことを反映している。

　1号遺跡では石製模造品（形代）や土器の出土量が膨大であったことも大きな特徴である。そのため，祭祀場が固定され，長期にわたってくり返し祭祀が執り行われたとする見方と，祭祀場として機能し，おそらく社殿が出現した後に廃棄場所に転換したという見方の両者がある。

現在に続く祭祀

　以上のように，4世紀以来，長期にわたって営まれた沖ノ島祭祀であったが，9世紀末～10世紀初には遣唐使(けんとうし)事業に代表される国家的な通交が終了を迎える。また，唐・新羅・渤海(ぼっかい)の相次ぐ滅亡などの国際情勢の変動が起こり，沖ノ島における（国家的な）祭祀は，終焉を迎える。

　ただし，それ以降も長らく，神体島として信仰の対象であり続け，現在でも宗像三女神の一人，田心姫(たごころひめ)を奉仕した沖津宮として，祭祀が続く。

参考文献
福嶋真貴子 2014「沖ノ島祭祀と宗像三女神信仰」『宗像大社国宝展』出光美術館
宗像大社 2013『「海の正倉院」沖ノ島』

（高田　貫太）

5　正倉院文書

正倉院文書とは何か

　東大寺正倉院は，奈良の大仏殿の北西に位置する，主に天平時代（8世紀）の美術工芸品を収蔵していた大規模な倉庫である。ユネスコにより世界遺産にも登録されている。正倉院には，聖武天皇や光明皇后にゆかりの品に加え，東大寺造営の役所（造東大寺司）が管理した文書や文房具などが収められていた。

　正倉院文書は，正倉院に保管されてきた奈良時代に関する豊富な情報を含む文書群で，主に東大寺写経所が作成した帳簿をいう（合計667巻5冊）。ここには，写経所での記録と，奈良時代の戸籍など当時の社会を知る貴重な情報の2つが記されている。2つの文書が同じ紙の表面と裏面に記されているのは，戸籍などの行政文書の廃棄後に，これらの裏面を写経所が帳簿として再利用したためである。

再発見された正倉院文書

　奈良時代の記録類が世に出るきっかけとなったのは江戸時代後期で，1833（天保4）年から1836（天保7）年まで宝庫修理のため，正倉院が開封されたことが契機となっている。写経所文書の紙背にある印の捺された文書が注目され，天保年間に元の戸籍・正税帳などの状態を復元すべく一部の文書が抜き出されて，国学者穂井田忠友によって45巻（正集）にまとめられた。穂井田は，「記録」（目録や帳簿か），「水帳」（正税帳か），「反古」と記された文書が収められた箱である櫃を整理し，文書を抜き出して45巻に編成したのち，天皇に献上するための写本も作成している。まず，写経所文書の紙背にあった印のある文書に注目して，戸籍，税の台帳である計帳，国ごとの収支報告である正

税帳など，奈良時代の役所が作成した文書や諸国からの報告書などの行政文書である公文，私印の文書，東大寺を開山した良弁や道鏡など著名人の書状などに撰び分けた。ついで，ほぼ役所の序列や地域別に編集し直した。さらに明治時代以降も整理が続けられ，これにより行政文書としての研究は大きく進んだ。しかし，一方で写経所文書は断片化されてしまうことにもなったため，整理であるとともに混乱ともなり，かつての形態とは異なってしまうという負の側面もあったのである。

古代の行政文書

　公文は，戸籍・計帳・正税帳など，基本的に地方から都へ定期的に国司が持参する国政に関係した政務報告の帳簿群で，偽造を防ぐために文字面の上に印を捺し，紙の継ぎ目には文書名の裏書きがなされた。古代の印は文書などに権威や信用を与えるために文書の全面に捺された。基本的に中央からの命令には内印（天皇の印），外印（太政官の印）が，諸国からの上申文書には国の印が捺されることになっており（図1），正税帳などの公文は，諸国からの報告書であるため上申する文書形式である「解」という様式を用いている（図2）。公文

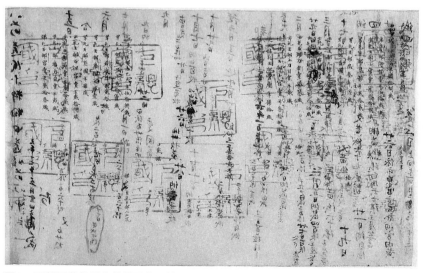

図1　下総国葛飾郡大嶋郷戸籍　複製（原品　正倉院宝物）

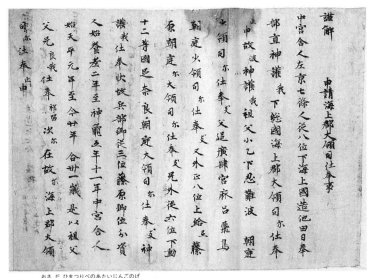

図2　他田日奉部直神護解　複製（原品　正倉院宝物）

は，一定期間（戸籍は30年）の保存後に廃棄されたが，廃棄文書の一部は東大寺写経所で帳簿として再利用された。

写経所の作業記録

　写経所文書は，公文の裏，すなわち二次文書として利用されている。その多くは，写経という経典を書写することに関係した事務帳簿である。奈良時代の写経事業の中心は，聖武天皇や光明皇后の発願による一切経（すべての経典）の書写である。例えば，光明皇后が父母の供養のために写経を行った一切経（五月一日経）は20年間に約7000巻が書写されたとされる。この写経は発願の日付が天平12（740）年5月1日なので「五月一日経」と呼ばれる。おそらく奈良時代全体の写経総数は10万巻を超えると推測されている。東大寺の写経所ではこうした事業をこなすために，大量の人・物・情報の管理を行う必要から事務帳簿を系統的に作成した。これが現在に残る写経所文書である。写経完成までの大きな流れとしては，①発願，②予算作成と物品納入，③本経借用と管理，④写経用紙の手配と表具，⑤経師による写経（図3），⑥写経の校正・経巻への仕立て，⑦給料の支給と奉納，という工程があり，労務管理として食糧

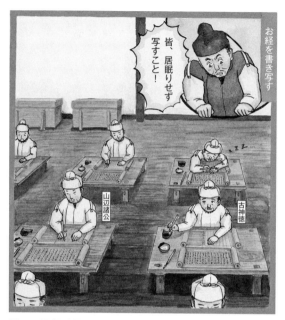

図3 写経風景（松田菜穂子作画，国立歴史民俗博物館提供）

支給，出勤簿・欠勤休暇届や役所からの借金などの文書も残されている。報告・管理・集計・支給などの目的からさまざまな帳簿が工夫されている。

正倉院文書研究の現状

これまでの正倉院文書研究は，古代の行政文書たる公文の検討を中心になされてきた。それにより，役所や諸国の業務や支配のあり方が解明されてきたが，近年では写経所の事務帳簿たる写経所文書に研究の力点が移りつつある。

個別写経事業の概要が明らかにされつつあり，これを基礎に政治史や国家・王権論，律令官司機構とリンクさせた研究が提起されている。従来の古文書学では律令に規定された公式様文書を古代文書の典型として扱ってきたが，正倉院文書の多くが事務帳簿や伝票であることから，こうした見方の再検討が進められた。公式令を基本とする古代古文書学では，木簡や正倉院文書にみられる古代の多様な文書の一部しかカバーできないことが明らかとなった。書儀と呼ばれる手紙様の文書形式の存在，口頭伝達を文字化した様式への注目などにより，公家様・武家様と呼ばれる中世古文書への展開過程も見直しが進められるようになった。また，実際に書写された経典と事務帳簿との対応関係も明らかになりつつあり，国語学や仏教史の観点からの検討も進められている。韓国においても正倉院文書に対する関心は高く，仏教や律令制が古代東アジアに共通することから，新羅の写経研究の理解を深める比較対象ともなりつつある。

国立歴史民俗博物館では，創設以来，コロタイプ印刷による正倉院文書の全

巻複製に取り組むとともに,「正倉院文書自在閲覧システム（公文編）」を来館利用者向けに公開している。

参考文献
市川理恵 2017『正倉院写経所文書を読みとく』同成社
栄原永遠男 2011『正倉院文書入門』角川学芸出版
仁藤敦史 2016「正倉院文書の世界―公文と帳簿―」国立歴史民俗博物館・小倉慈司編『古代東アジアと文字文化』同成社

（仁藤　敦史）

6 出土文字資料

木簡とは何か

日本の木簡研究は，1961（昭和36）年に奈良県の平城宮跡から41点の木簡が発見されたことに始まる。文献史料の限られた古代史の世界で，地下から出土する木簡は，新出資料として多くの研究者の関心を引くものであった。

とくにこの30年の間の木簡研究の進展には目を見はるものがある。1988年から1989年にかけて平城京跡から出土した「長屋王家木簡」および「二条大路木簡」が，木簡の資料的価値を広く知らしめたことは記憶に新しい。両者を合わせると出土点数は10万点を超え，それまでに全国で出土した木簡の点数にも匹敵するものであった。

「長屋王家木簡」と「二条大路木簡」は，都が平城京に遷った8世紀前半ごろのものである。平城京の時代，すなわち8世紀は「木簡の世紀」と呼ぶ研究者もいるほど，木簡による情報伝達が盛んに行われていた時代であった。

それとともにこの30年で，7世紀後半代の木簡が，飛鳥・藤原京をはじめとして各地から出土するようになったことも大きな特徴である。7世紀後半は，日本において文字による行政が本格的に始まる時期にあたる。ここでは，福岡県太宰府市の国分松本遺跡出土の木簡を取り上げ，7世紀後半の文字による行政の実態を考えてみることにしよう。

国分松本遺跡の戸口変動記録木簡

国分松本遺跡は，西海道を統括した大宰府政庁の北西1.2kmほどのところに位置する遺跡で，筑前国府跡もしくは大宰府関連施設と推定されている。この遺跡から戸籍に関わる木簡が出土した（以下，「本木簡」と称す。図1）。

現在の福岡県糸島市付近にあたる筑前国嶋評における戸口（戸の構成員）の

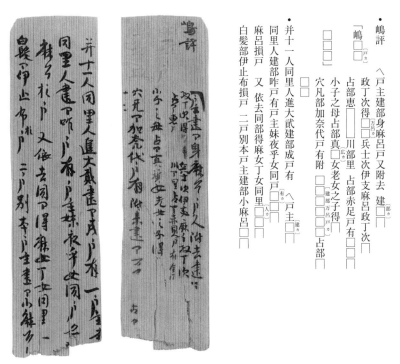

図1 国分松本遺跡出土戸口変動記録木簡（複製、国立歴史民俗博物館所蔵、原品は太宰府市教育委員会所蔵）

変動を、各戸ごとに記録した木簡である。戸籍は6年に1度作成されることが定められていたが、戸籍作成後、次の戸籍を作成するまでの間の戸口の変動を記録したのである。

「評」は7世紀後半において国の下に位置づけられた行政区画で、701（大宝元）年の大宝律令制定以後に「郡」に改められた。また木簡中にみえる「進大貳」という官位が685年から701年の大宝律令施行直前まで使われたものであることから、本木簡は、690年に作成された庚寅年籍以降、701年の大宝令制定以前の段階で作成された可能性が高い。いずれにしても、飛鳥浄御原令（689年施行）制下に作成されたものであることは間違いない。

国分松本遺跡からはほかに図2の木簡も出土している。「竺志前国」は、「筑前国」の古い表記である。「私□板十六枚」「目録板三枚」「父母方板五枚」のあわせて24枚の帳簿木簡を嶋評から筑前国に送り届けた際の送り状で、これ

ら24枚の木簡を束ねてそこに装着したものだろう。同じ遺跡から「嶋評」に関わる木簡が2点出土したのは驚くべきことだが，最初にあげた戸口変動を記録した木簡とあわせて，嶋評から筑前国にもたらされた書類がここに集積されていたものと思われる。

正倉院文書にある筑前国嶋郡の戸籍

偶然なことに，正倉院文書には大宝2（702）年の筑前国嶋郡の戸籍が残っている。一例をあげると下の〔史料1〕ようなものである。続柄，名前，年齢，年齢区分等が1行書きで書かれ，各行はウジ名と名前（つまりフルネーム）を記している点が特徴である。

正倉院文書にある御野国の戸籍

同じ筑前国嶋郡（嶋評）に関わる戸籍でありながら，本木簡と大宝2年の筑前国戸籍では，書式が微妙に異な

竺志前国嶋評
方板五枚并廿四枚
私□板十六枚目録板三枚父母

図2　国分松本遺跡出土目録板木簡
　　（複製，国立歴史民俗博物館所蔵，
　　　原品は太宰府市教育委員会所蔵）

〔史料1〕筑前国嶋部川辺里戸籍（七〇二年）
戸主葛野部勺、年肆拾歳、正丁　課戸
妻肥君武□利売、年肆拾弐歳、丁妻
男葛野部意比止麻呂、年捌歳、小子　嫡子
男葛野部意比止麻堤、年伍歳、小子　嫡弟
女葛野部酒持売、年弐拾歳、次女
女葛野部止与売、年拾弐歳、小女
女葛野部妹売、年拾弐歳、小女　上伴四口嫡女
卜部方見売、年拾捌歳、次女　寄口
男卜部意富麻呂、年参歳、緑児
葛野部久漏麻呂、年肆拾肆歳、正丁
妻宗形部宿奈売、年参拾漆歳、丁妻
男葛野部比都自、年捌歳、小子　嫡子
女葛野部気豆売、年拾参歳、小子
女葛野部麻泥豆売、年参歳、緑女　上伴二口嫡女
弟葛野部牧夫、年弐拾弐歳、正丁
弟葛野部身麻呂、年壱歳、緑児
卜部意止麻呂、年拾陸歳、小子　寄口
卜部忍男、年拾肆歳、残疾　寄口
妻宗形部阿比太売、年肆拾玖歳、丁妻
奴夜恵麻呂、年拾壱歳、
婢伊奈豆売、年肆拾肆歳、上伴二口戸主奴婢
（後略）

っている。むしろ，同じ大宝2年に作られた御野国(みののくに)（美濃国，今の岐阜県）の戸籍と共通する点が多い〔史料2〕。

御野国戸籍の場合は，1行に1人ではなく1行に3人が書かれる。前に記載されている人物とウジ名が同じ場合はウジ名が省略される点や，「兵士」などの注記がある点も特徴である。

本木簡と大宝2年の戸籍をくわしく比較してみると，例えば本木簡では「次」という字を使って直前の人物との兄弟関係を表示しているが，この書き方は筑前国戸籍にはみられず，むしろ御野国戸籍と共通する書式である。ほかにも，「兵士」という注記の存在や，重複するウジ名の省略など，御野国戸籍と共通する書式がいくつかみられる。正倉院に残る大宝2年の戸籍には大きく「御野型」と「西海道型」の2つの書式が存在することが指摘されてきたが，本木簡は「西海道型」ではなくむしろ「御野型」に近いのである。

「御野型」の戸籍は，飛鳥浄御原令制下での戸籍の書式を踏襲した可能性が従来から指摘されており，本木簡はそれを裏付けたといえるだろう。さらに「御野型」戸籍は，各戸から兵士を徴発することを念頭に置いた書式だが，7世紀後半の筑前国でも同様に，7世紀後半の緊迫した対外情勢の下で，軍団兵士制を意識した戸籍が作成されていたことが本木簡からわかる。

本木簡の発見により，飛鳥浄御原令制下での戸籍の存在が実証され，さらに7世紀後半から8世紀にかけての戸籍の書式の変遷やその背景について思いをめぐらすことが可能になったのである。断片的な点と点を結びつけるところに，木簡研究の醍醐味がある。

（三上　喜孝）

【史料2】御野国(みの)味蜂間郡(あはちま)春部里(かすかべ)戸籍（七〇二年）

戸主兄国足〈年卅四、正丁〉　嫡子安倍〈年六、小子〉
下々戸主石足〈年卅三、兵士〉
戸主弟高嶋〈年廿七、兵士〉　嫡子八十麻呂〈年二、緑児〉戸主弟久留麻呂〈年廿五、正丁〉
次大熊〈年廿、少丁〉　次広国〈年十九、少丁〉　次友乎〈年十八、少丁〉
戸主甥奈世麻呂〈年十、小子〉戸主母国造族麻奈売〈年卅七、正女〉戸主妻国造族志祁多女〈年卅二、正女〉
大熊児阿尼売〈年二、緑児〉

6　出土文字資料　157

7 延喜式

『延喜式』とは何か

『延喜式』とは10世紀に編纂された法制書である。10世紀初頭の年号である「延喜」年間に編纂が始まったところから，その名がつけられた。

『延喜式』の「式」とは，前近代における法体系の一区分である。古代東アジア世界では，漢字に象徴されるように中国文化の影響が強かったが，その中国で生まれた法体系が「律・令・格・式」であった。それを古代日本も継受したのである。

律とは刑罰の規定を主とした法律で，現代の刑法に相当する。令は刑法以外の行政法である。格は修正法で，律や令の内容を改正・補充した単行法令を指したが，後にそれが法典としてまとめられるようになり，それも格と呼んだ。式は施行細則で，律令に定められたことなどを実際に運用していくにあたって必要とされた規定のことであり，これも後に法典としてまとめられるようになった。式は，現代でいえば，行政機関が定める規則や内部規程に相当する。

古代日本ではまず律令が整備され，式は戸籍の書式など，必要に応じて作成されていったが，9世紀に入り，格とともにまとまった法典としての形をとる式が編纂されるようになった。その最初が『弘仁式』である。「弘仁」は810年から824年までの年号であり，このときに嵯峨天皇によって編纂が命じられたので，この名がある。『弘仁式』はいったん，弘仁年間に完成し天皇に奏進されたが，実際にはその後も修訂作業が続き，最終的には嵯峨天皇の子供である仁明天皇の時（840年）に完成，施行された。

その後，9世紀後半には『弘仁式』以降の改訂や増補部分をまとめた『貞観式』が編纂された（「貞観」は859年から877年にかけての年号）が，10世紀に入って『弘仁式』『貞観式』の内容も含めて式の集大成が図られることになっ

た。これが『延喜式』である。

『延喜式』は編纂開始より20数年を経ていったん，醍醐天皇に奏進されたが，やはりその後も修訂作業が続けられ，それからさらに40年が経った10世紀後半に至ってようやく完成し，諸国に配られることになった。

『延喜式』には何が書かれているか

『延喜式』は全50巻で，巻1から10までは神祇官（国家祭祀を管轄する役所）など神祇祭祀関係の規定を収めており，巻10から40までが太政官（現代でいえば，内閣および内閣官房のような役所）および中務省（現代の内閣府や総務省に相当）や式部省（現代の人事院・賞勲局や文部科学省に相当）などその管轄下にある役所ごと，巻41から49までが警察機関である弾正台や皇太子に付属する春宮坊などそれ以外の役所ごとにまとめられている。巻50には雑式として，以上に分類できない諸規定が収められた。その中には諸国の駅路の道端には果物がなる樹を植えることを命じたものなど，諸国に関わる規定も含まれている。

いくつか紹介すると，巻9・10は「神名式」とも呼ばれ，2月4日に神祇官もしくは諸国の国庁で行われる祈年祭の班幣（神社への捧げ物を配る儀式）に預かる資格をもつ全国の神社（官社）の登録簿となっており，2861社3132座が記されている。また巻24・25は諸国からの貢納物を収めて計算する主計寮という役所に関する規定を掲載しているが，このうち巻24には国ごとに調・庸の具体的物品名とそれを都まで運ぶ日数が記されている。たとえば安房国（千葉県の最南端に位置する）からは，調として緋や縹色の細布，鳥子アワビ，耳とりのアワビ，耳つきのアワビなど，庸として海松と麻布，中男作物として紙や紅花，カツオなどが納められることになっており，都まで運ぶのにかかる日数は34日とされている（図1）。

このように役所ごとにまとめられた『延喜式』は，それぞれの役所で職務を遂行するためにまとめられた規程集という性格をもち，いわば古代の役人にとっての業務マニュアルということができる。基本的に，役所で仕事を進めるために必要となる事柄を中心に記されているため，現代の人間からみると，わかりづらいことも少なくない。例えば巻17内匠式には牛車や几帳など宮中で使

用する物品の原材料が列挙されているが，その原材料をどのように利用して物品を製作するのかまでは記されていない。また先に述べたように『弘仁式』と『貞観式』を含み込んで『延喜式』が作られたという事情があるため，個々の規定が果たしてどの時期のものであるのかといったことを考える必要がある。『延喜式』が10世紀にできたからといって，単純にその内容がすべて10世紀のものであるとはいえないのである。

『延喜式』研究の30年

『延喜式』研究の第一人者であった歴博の虎尾俊哉によって1988（昭和63）年に延喜式研究会が設立

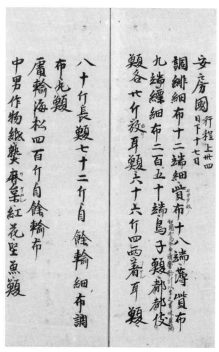

図1　土御門本『延喜式』巻24より（国立歴史民俗博物館所蔵）

され，1991～1993年には半世紀ぶりに新たな校訂本が公刊，2000年からは初めて全巻にわたる注釈書の刊行が始まり，それは2017年にようやく完結した（虎尾編2000～2017）。この30年間にわたる『延喜式』研究の進展には目を見張るものがあるが，これらの文献史学による成果を他分野の研究にも広く活かしていくことが今，求められている。そこで歴博では2016年度より「古代の百科全書『延喜式』の多分野協働研究」を開始し，写本研究から異分野連携までを視野に入れた共同研究に取り組んでいるところである。

参考文献

虎尾俊哉編2000～2017『訳注日本史料　延喜式』上～下，集英社

（小倉　慈司）

8 考古学からみた古代と中世の違い

中世の原動力となった人々

　奈良・京都の畿内中心部から全国支配を展開した律令国家も，次第に実情に沿った形での在地支配を進めるようになる。在地社会には，その地の有力者である郡司や，中央から下向したまま土着した元国司の一族など，律令官人を経験した者も存在し，彼らは墾田開発や田地経営の中心となり，富を蓄えていった。

　そうした在地有力者の姿は，畿内から離れた東国や北の世界でうかがうことができる。秋田県北秋田市胡桃館遺跡は，十和田火山の噴火による火山灰泥流によって915（延喜15）年に埋没したと考えられている古代集落遺跡で，建物が立った状態で見つかった稀有な事例である（図1）。建物4棟と集落を囲んでいると思われる柵列などが確認された。最大のC建物は11.8m×9.0mの規模で，構造は横板を積み上げて壁面をつくる板校倉平地式建物である。東西南北の4面に，それぞれ1，1，3，2ヵ所外開きの観音扉を設けている。2棟並び立つ南側のB2建物も同じ板校倉平地式建物で，B1建物が立つ北側を除く3面に1ヵ所ずつ観音扉がつく。胡桃館遺跡は出土した墨書土器やB2建物扉に記された墨書から寺院的要素も推測されているが，いずれにせよ畿内から遠く離れた北方の地にこのような建物を建造した背景には，在地の有力者の存在が欠かせない。そして彼らこそが，時代を中世に突き動かす原動力となっていったのである。

古代と中世の家財道具

　中世の集落遺跡が発掘されると，大量の遺物が出土してその整理作業に追われる。それは，中世の人々の家財道具の量が，古代の人々とは圧倒的に違うか

図1　胡桃館遺跡 B2 建物（北秋田市教育委員会提供）

らである。古代の家が1軒発掘されたとして見つかる遺物は，土師器の椀や皿を主とした食器と，煮炊きをするための甕などの調理具である。地域によっては，これに須恵器や黒色土器が加わるが，一部の高級貴族層を除くと，基本的には土製の食器で日常生活を送っていた。

しかし，中世になると種類も量も増え，漆器の椀や皿，各地でつくられた陶器，中国産の磁器といったさまざまな食器がそろう。土鍋を使う地域もあるが煮炊きの道具には鉄鍋がみられ，新しい調理具として陶器の擂鉢が加わり粉食が浸透した。甕も常滑や珠洲，東播，備前，越前など，各地で生産されたものがもたらされた。生産力とそれを支えた技術力の向上，流通の活性化など，中世社会を象徴するさまざまな複合的事情が背景となっている。

土器の椀が消えた

中世初頭，11世紀代の遺跡からは土師器の椀がみられなくなる。当時の人々は何を使って食事をしていたのか，長らく議論があった。木器や漆器の使用が示唆されたものの，有機物の遺存の悪さからなかなか証明できず，ましてや漆器は高級品という先入観があり肯定的な意見は少なかった。

古代においては、漆器生産に不可欠な漆（ウルシの樹液）は律令国家が税として庶民に負荷して回収し、官営工房でほぼ独占的に漆器が生産されていた。需要層は貴族や寺院であり、製品はケヤキの木地に何層にも漆を塗り固めた高級品である。当然民間に出回ることはなく、集落遺跡から出土することもない。中世にもそのイメージが重なったのは当然であろう。

　ところが、有機物がよく遺存した好条件の遺跡が調査された。石川県穴水町西川島遺跡群である。中世荘園の中核的集落遺跡で、10年間に及ぶ丹念な調査と分析によって、中世漆器の理解を覆す成果があらわれた。すなわち、ここからは大量の漆器椀が出土しており、分析の結果それらは柿渋と炭粉を混ぜた漆の代用品を下地にし、その上に1～2層簡単に漆を塗っただけの、材料も工程も大幅に簡素化した漆器であることがわかったのである。また木地もブナやトチノキなど多様な樹種が用いられている。このような安価な漆器が生産され、庶民層の食卓にまで普及して生活を変えたのである。これ以後、各地で同様の事例が確認されるようになった。

　技術の向上というと、いかによいものをつくるかに力点が置かれるように思いがちである。しかし質を落としてでも大量にモノを生産するという志向性ももちろんあり得ることで、こういった普及品生産のための技術改良が豊かな中世を支えたのである。

「唐物」でない中国産陶磁器

　中世を語る際に前代と大きく異なるのは、流通網の活発化である。12世紀代に各地に出現した中世陶器窯の製品は、活発な水運ルートなどに乗って各地に運ばれ消費された。日本海側の珠洲焼、太平洋側の常滑焼、西日本の東播系陶器はその代表格である。中世に登場する擂鉢は、これによって一気に人々の生活に浸透し、食生活を変えた。

　また、中国製品の大量流入も中世ならではの事象である。律令国家は海外からの物品を鴻臚館（福岡県）を通して交易するよう管理していた。鴻臚館の廃絶とともに11世紀半ば以降は交易拠点が博多に移ると、そこに中国人街が形成されて交易は一気に活発化した。福建など中国南部で生産された民需用の白磁が福岡市博多遺跡群から大量に出土し、そのさまは「白磁の洪水」とまで呼

図2　博多遺跡群14次調査で見つかった白磁一括廃棄遺構（福岡市埋蔵文化財センター提供）

ばれている（図2）。12世紀に入ると青磁が白磁を凌駕するようになるが、いずれも日常生活で使う碗・皿が主たる商品で、中国製品だからといって必ずしも高級品というわけではなかった。とくに西日本では白磁や青磁は一般の集落遺跡から出土する消耗品である。島根県益田市中須東原遺跡のような港湾遺跡からは、こういった商品が大量に出土しており、国内流通網に乗って全国各地に広まったのである。

　鎌倉時代の御家人たちは、中国産の陶磁器を「唐物」と呼んで珍重した。しかしそれはあくまでも酒海壺や梅瓶、天目茶碗など日常生活では使わない高級品のことであり、大量にもたらされた青磁・白磁の碗・皿は、庶民の食卓にまで並んだのである。

参考文献

大庭康時・佐伯弘次ほか2008『中世都市・博多を掘る』海鳥社
高橋学2012「十和田火山噴火と災害復興」『北から生まれた中世日本』高志書院
四柳嘉章2009『漆の文化史』岩波新書

（村木　二郎）

Ⅶ　21世紀の日本考古学

1 年代測定の進展と年代研究

歴博における年代研究

　国立歴史民俗博物館（以下，歴博）は設立当初から，自然科学的な調査・分析を行う部門を設けていた。そこには，モノ資料に基づく新しい歴史研究の推進に，科学的なアプローチが欠かせないとの判断があった。一方，自然科学は日進月歩であり，歴博の設立時と比べても大きく進歩した。測定が困難だった資料が測れるようになり，以前測定した資料もより高い精度・確度で再測定できるようになった。測定値は数年で陳腐化するので，常に最新の成果を用いた解釈が必要になる。人文科学と自然科学の研究分野が近接している歴博は，日ごろから両者の協業を心がけてきた。

　ここでは自然科学的な年代測定法を取り上げ，歴博における年代研究との関わりを紹介する。なお時折「年代測定研究」という言葉が用いられるが，個人的には研究対象は「年代」であって，「年代測定」ではないと考えている。研究は測定値だけでなく，モノ資料自身に対する解釈があって初めて成り立つ。年代研究という言葉には，人文科学と自然科学が相互に向き合う関係性を込めている。

炭素 14 年代法と考古学

　炭素 14 年代法は，放射性物質である炭素 14 が規則正しく減少していく性質を用いた年代測定法である。1949 年にアメリカ・シカゴ大学の W. F. Libby らが実用化し，現在でもその測定や解析にかかる改善が進められている。なかでも大きな画期となったのは，加速器質量分析装置（AMS 装置）を用いた測定法（AMS-^{14}C 法）の登場である。AMS-^{14}C 法は，それまでの β 線計数法による測定に比べ大幅な測定試料の僅少化と測定時間の短縮をもたらした。結果

として，量の制約から困難とされた資料であっても効率的な測定が可能になった。AMS 装置の改良は不断なく続けられ，現在では β 線計数法を上回る測定精度を実現し，0.1 mg 程度の炭素でも測定できるようになっている。

　かつては，炭素 14 年代法による年代測定は誤差が大きいとの印象があった。炭素 14 年代法は測定値を暦年代に修正する必要があり，その過程で資料が本来示すべき「真の年代」に数十年から 100 年以上の幅が生じてしまう。そこで重視されたのが，精緻な年代観をもつ考古学の編年である。AMS-^{14}C 法は土器の使用に伴って付着した微量の炭化物の年代測定を可能にしたが，土器自身には考古学的な手法による編年が構築されている。土器型式の前後関係を利用すれば，暦年代を絞り込むことができる。

　歴博ではまず縄文時代に焦点をあて，土器型式ごとに付着炭化物，あるいは共伴する遺物や植物遺体などの系統的な炭素 14 年代測定を実施した。明らかになったのは，考古学的に古い土器型式は古い，新しい土器型式は新しい，そして同時期の土器型式は同じ年代を示すことであった。当然とも思えるこの結果は，炭素 14 年代法による土器付着炭化物の年代測定が妥当であることを示す意味で重要である。さらに暦年代を土器編年にあてはめることで，一様に扱われてきた土器型式の存続期間がそれぞれ異なっていることも判明した。

　このような成果を踏まえ，歴博の年代研究は弥生時代以降にも拡げられることになるが，端緒となった「弥生開始期 500 年遡上」については，当初歴博の内部でも考古学者を中心に懐疑的な意見が多かった。九州北部における初期水田に伴う土器の付着炭化物や杭などの炭素 14 年代測定を繰り返し，議論を重ね，いよいよ動かしがたいとの結論を得て，2003 年 5 月の発表に踏み切ったのである。

炭素 14 年代法の高精度化

　炭素 14 年代法では未知資料の年代を得るために，測定値（炭素 14 年代）を暦年代の判明した資料の炭素 14 年代と比較する「較正」を行う。年輪年代法で年代の判明した樹木年輪はその代表的な資料であり，北半球では主に欧米の高緯度地域の樹木に基づいた較正曲線 IntCal が用いられている。しかしながら，東アジアの中緯度地域に位置する日本の資料に IntCal を適用できるかに

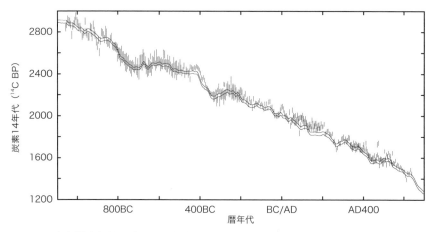

図1　日本産樹木年輪の炭素14年代
紀元後1世紀から2世紀は実線で示した較正曲線IntCalよりも上方にあり，炭素14濃度が欧米よりも低い時期があることがわかる。

については議論があり，歴博はその検証のために日本産樹木年輪の炭素14年代測定に取り組んだ。

　基本的に，弥生時代以降の日本産樹木年輪の炭素14年代が欧米産の樹木年輪と大きく異なることはなく，IntCalを用いて較正することの妥当性が示された。しかしながら紀元後1世紀から2世紀にかけて，日本産樹木年輪の炭素14年代が欧米よりも系統的に古い時期があり，その挙動が南半球の樹木年輪に近いことが判明した（図1）。

　南半球の大気は北半球よりも炭素14濃度が低いことが知られているが，両者を分けるのは赤道ではなく，その南北に発生する低気圧帯（熱帯収束帯）である。日本列島はそれよりも北に位置するものの，梅雨前線の活動によっては南方の大気がもたらされる余地がある。日本列島周辺の大気の炭素14濃度が欧米よりも低い時期は，IntCalに基づいて較正された年代は実際よりも古い値を示すことになる。

　現在のところ弥生から古墳に至る時期を除き，炭素14濃度の系統的なずれは認められていない。それでも炭素14年代法による年代測定の高精度化を実現するためには，樹木年輪のさらなる炭素14年代測定が必要である。

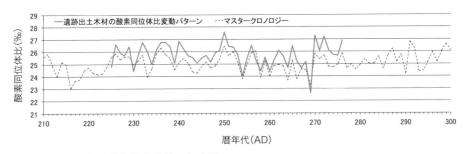

図2　酸素同位体比年輪年代法の概念図
年代の判明した樹木年輪のセルロース中の酸素同位体比（酸素18と酸素16の比）と比較して，1年単位の年代決定を行う。

新しい年輪年代法

　年輪幅の変動パターンによる従来の年輪年代測定は，日本産樹木の場合，これまではスギ，ヒノキ，コウヤマキといった限られた樹種のみ可能とされてきた。ところが近年，年輪に含まれるセルロース中の酸素同位体比の変動パターンを用いた新しい年輪年代法が，総合地球環境学研究所の研究プロジェクトにより実用化された（図2）。

　降水量の多寡を反映する酸素同位体比の変動は，年輪幅よりも同調性が高く，しかも樹種によらないという特徴がある。日本産樹木年輪の炭素14年代測定を進める上で，酸素同位体比を用いた新しい年輪年代法が資料の入手を格段に容易にしている。

　誤差のない年代測定が可能な年輪年代法は，樹木年輪のみが対象である。一方，炭素14年代法は炭素を含む資料であれば年代測定が可能だが，測定誤差や較正年代の絞り込みに課題を残す。両者が協業し，さらに考古学による時間軸が加わることで，より精密な年代研究の推進が期待される。

参考文献

西本豊弘編 2006『弥生時代の新年代』雄山閣
西本豊弘編 2009『弥生農耕の始まりとその年代』雄山閣
箱﨑真隆 2018「新年代法「酸素同位体比年輪年代法」」『考古学ジャーナル』709

（坂本　稔）

2 鉛同位体比分析からわかること

青銅器の鉛同位体比分析

「青銅」とは，もともと銅とスズの合金のことをいう。しかし，スズよりも安価で入手しやすく，また銅と混ぜることによって，低い温度できれいに鋳造できることから，青銅器には，鉛が使われていることが多い。その鉛がもつ特徴を科学分析することで，鉛原料の採取地を推定する方法が，鉛同位体比分析法である。

鉛の原子を1つ1つみていくと，化学的な性質が同じで，重さだけが違う4種類が混ざり合っている。それらを同位体といい，地質の条件を反映して，地域や鉱山によって混ざり合う比率がわずかに異なる。これを鉛同位体比と呼ぶ。したがって，鉱山ごとに鉛同位体比のデータベースを作っておき，青銅器の分析結果と照らし合わせれば，鉛原料の産地を推定することができる。

近年は分析装置の発達が進み，以前には見分けられなかった，鉱山によるわずかな違いも識別できるようになった。国立歴史民俗博物館（以下，歴博）にも2013年度からその装置が導入されている。

日本で作られた青銅器原料の推移

わが国で，弥生時代から古墳時代を経て古代に至る時期を中心として，日本で出土した中国・朝鮮半島系の青銅資料と，日本で鋳造された青銅資料を系統的に分析し，一連の論文にまとめ上げたのは，東京国立文化財研究所（東文研）の馬淵久夫と青山学院大学の平尾良光（1987年より東文研に移る）である。

はじめに，中国・朝鮮半島系の青銅資料と日本で作られた青銅資料，それから日本産の鉛鉱石の範囲から，おおまかに下記の4つのグループに分けられることを報告した。

A 弥生時代に日本へもたらされた前漢鏡が示す数値の領域。弥生時代に日本で作られた青銅資料の多くはここに含まれる。

B 後漢・三国時代の舶載鏡が示す数値の領域。古墳出土の青銅鏡の大部分はここに含まれる。

C 日本産の鉛鉱石の大部分が含まれる領域（岐阜県神岡鉱山などの例外を除く）。

D 多鈕細文鏡や細形銅利器など，弥生時代に日本へもたらされた朝鮮半島系遺物が位置するライン。

結果の表示には，通常，グループ分けが有効に行えるように，同位体比が変動する ^{206}Pb, ^{207}Pb, ^{208}Pb を組み合わせた ^{207}Pb/^{206}Pb と ^{208}Pb/^{206}Pb の図が使用される。そして，この表示だけでグループへの帰属がわかりにくい場合は，^{206}Pb/^{204}Pb と ^{207}Pb/^{204}Pb の図が併用される。これは地質年代などを得るのに地球科学で従来から用いられている表示法で，特にB領域とC領域の識別をするのに有効である。前者はa式図，後者はb式図と呼ばれている。

A領域とB領域は，中国の鉛鉱石の分析値と比較が行われ，前者は華北産鉛，後者は華中〜華南産鉛とみなされている。D領域については，現在の朝鮮半島産鉛鉱石の中には該当する鉱山が見つかっていない。しかし，朝鮮半島南部の岩石中に放射性鉱物が多く含まれており，慶尚北道や江原道の鉱山で ^{207}Pb/^{206}Pb と ^{208}Pb/^{206}Pb が他よりも小さい数値をとるものがあるという地質学的な考察から，これも簡略化して「朝鮮半島の鉛」と呼ばれることがある。しかし，領域設定は，あくまでも青銅資料の測定結果に基づくものであることに留意しなければならない。

新たに設定された領域の例

上述のA〜Dの領域は1980年代の研究によって求められたものである。その後の研究の進展により，現在ではさらに多くの領域が提案されている。

中国の戦国時代には，刀銭，布銭，蟻鼻銭，環銭といった，特徴的な形をした銭貨が発行された。それらの鉛同位体比は，A領域に含まれるものと，遼寧省の青城子鉱山と錦西鉱山を結ぶ領域に分布する資料（L領域）の2系統があることがわかった。L領域には，燕，斉，魯など，遼寧省—渤海湾—山東省

地域の資料が分布する。

　D_2 領域は，韓国の三国時代の鏡，統一新羅(シンラ)時代の銅鐘(ドウショウ)・鉛釉(エンユウ)などから見つかり，慶尚北道の鉛鉱石の数値と重なることから，朝鮮半島産とみなすことができる。また，P 領域が百済(ペクチェ)地域にある武寧王の王宮里(ワングンリ)遺跡出土ガラス生産関連資料や歴博が分析した鳥取県福本(フクモト)70 号墳出土銅匙(ドウサジ)などから見つかり，王宮里遺跡が百済（Paekche）地域にあることから「P」の記号が付されている。

　そのほか，B 領域の一部についても，歴博のプロジェクトチームが 2003 年度から 2014 年度にかけて行った韓国嶺南(ヨンナム)地域出土資料の分析結果から，産地の見直しが始まった。4～7 世紀の資料のうち約 3 分の 1 が集中する「グループ GB」と称される領域が見つかったことから，これまでは中国華中～華南産と判定されてきた B 領域の中に，朝鮮半島産のものが含まれている可能性が出てきた。

　中世になると，1565（永禄(エイロク)8）年の東大寺南大門の戦い，1575（天正(テンショウ)3）年の長篠(ナガシノ)の戦い，1587（天正 15）年に焼失した大友宗麟(オオトモソウリン)遺構，1637（寛永(カンエイ)14）年の島原の乱などに使用された鉄炮(テッポウ)玉の原料が，タイのソントー鉱山から輸入された原料であることがわかり，N 領域と名付けられた。

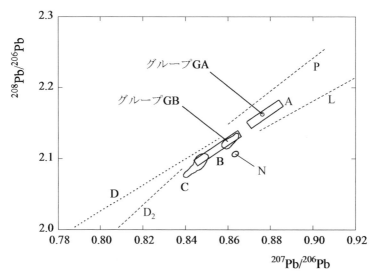

図 1　東アジア青銅器の鉛同位体比分布図（a 式図）

以上の各領域を含めてまとめたものが図1である。

日本産原料のはじまり

　日本における銅や鉛の採掘時期がどこまでさかのぼるのかということについて，従来，考古学的には少なくとも7世紀中葉まで確認されていた。また，考古学的には事例が見あたらないものの，鉛同位体比分析の結果から，6世紀後半〜7世紀初めごろとされる島根県出雲市の上塩冶築山古墳出土の銅鈴1点，6世紀末〜7世紀初めごろとされる島根県安来市の高広Ⅳ区3号横穴墓出土の耳環1点が報告されていた。これに加え，歴博の鉛同位体比分析によって，6世紀末〜7世紀初めとされる島根県出雲市の中村1号墳出土馬具4点が新たに見つかった。

韓国の鉛鉱山の数値分布

　朝鮮半島の青銅器文化は紀元前15世紀ごろから始まるが，その採鉱や製錬の開始がいつであったのか，まだ十分には明らかになっていない。しかし，近年，韓国内の鉛鉱床の鉛同位体比分析が進み，各地域における数値の特徴が明らかになってきた。韓国基礎科学支援研究院の鄭淵中らは，地質学的な観点からみて，次の4つの地域に分けられると報告している（図2）。

　地域1　慶尚盆地
　地域2　嶺南大山塊北東部，太白山盆地東部
　地域3　嶺南大山塊中央部・南西部，太白山盆地西部，沃川変成帯
　地域4　京畿大山塊西部

　地域1のデータの分布はC領域と接する位置にあり，また地域3のデータにはB領域の中に含まれるものもある。そのため，この報告は，日本の弥生時代から古代，韓国の日韓における青銅原料の流通を明らかにしていく上で，新規な情報を提供するものであり，重要な内容を含んでいる。今後，それぞれの鉱山の稼働状況に関する歴史的な背景や産出する鉱石の種別やその量比などを検討するほかに，これらのデータに基づき，日本の古墳時代，朝鮮半島の三国時代を中心として，これまでに実施されてきた青銅資料の分析結果をもう一度見直していく必要があるだろう。

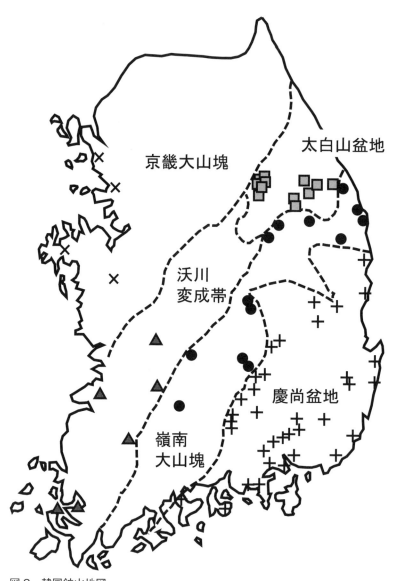

図2　韓国鉱山地図

参考文献

齋藤努 2012『金属が語る日本史―銭貨・日本刀・鉄炮―』吉川弘文館

齋藤努 2018「日韓の青銅器と原料の産地推定」齋藤努編『国立歴史民俗博物館研究叢書3 青銅器の考古学と自然科学』朝倉書店

Jeong, Y. J., Cheong, C. S., Shin, D. B., Lee K. S., Jo, H. J., Gautam, M. K. and Lee, I. S., 2012, "Regional variations in the lead isotopic composition of galena from southern Korea with implication for the discrimination of lead provenance", J. Asian Earth Sci., pp. 116-127

(齋藤　努)

3　歴史になった弥生時代

相対年代と数値年代

ここでは，相対年代に基づく弥生時代像を，数値年代に基づいて書き換えた

暦年代	中国	朝鮮半島南部		沖縄	九州北部		中部		東北中部	
前1300-	商	櫛目文土器時代	新石器文化	貝塚前期	縄文文化	天城式		佐野I式	縄文文化	大洞B1式	縄文文化
			二重口縁土器			上加世田式				大洞B2式	
			突帯文土器	室川式		上菅生式古		佐野Ib式		大洞BC式	
			可楽洞式			黒川式		佐野IIa式		大洞C1式	
1000-			駅三洞式・欣岩里式	宇佐浜式				佐野IIb式		大洞C2式	
	西周	青銅器時代	先松菊里前半	仲原式古		山の寺式・夜臼I式		女鳥羽川式			
770-			先松菊里後半							大洞A1式	
		青銅器文化	松菊里前半			夜臼IIa式					
	春秋		松菊里後半	仲原式新		夜臼IIb・板付I式		離山氷I古式		大洞A2式	
500-				阿波連浦下層式古	弥生文化	板付IIa式		氷I式中		大洞A'式	
403(453)-			+			板付IIb式		青木畑式			
	戦国	初期鉄器時代	水石里式			板付IIc式城ノ越式		氷II式		青木畑式	弥生文化
221-						須玖I式古				枡形囲式	
202-	秦		勒島I式	阿波連浦下層式新		須玖I式新		栗林式			
	前漢	初期鉄器文化	勒島II式		初期鉄器文化	須玖II式古	弥生文化		弥生文化	桜井式	
8-		鉄器文化				須玖II式中					
25-	新		勒島III式	浜屋原式		須玖II式新		吉田式・箱清水式		天王山式	
後220-	後漢	原三国時代				高三瀦式					
			前期瓦質土器			下大隈式		御屋敷式			
後300-	三国	三国時代	後期瓦質土器・陶質土器	大当原式	古墳文化	西新式					

※鉄器文化は6世紀以降

図1　紀元前14世紀〜後4世紀の相対年代と数値年代

場合,弥生時代像はどのように変わるのか,という問題について解説する。

相対年代とは,夜臼Ⅱb式や,板付Ⅰ式と呼んでいる土器型式によって表される年代のことである。例えば夜臼Ⅱb式や板付Ⅰ式は弥生前期初頭,板付Ⅱa式は前期中ごろの土器の型式である。これらの型式は,板付Ⅰ式から板付Ⅱa式へと変化しながら進んでいく。しかし板付Ⅰ式と板付Ⅱa式が完全な時期差になるというわけではない。板付Ⅰ式が使われはじめてある程度の時間がたつと板付Ⅱa式が現れるが,板付Ⅱa式が現れた時点ではまだ板付Ⅰ式も使われているから,完全な時期差ではないわけである。

例えば2017年型モデルの車と,2018年型モデルの車の両方が街中を走っている段階を想像してみよう。新車が発売されても旧型車がすぐ姿を消すわけではない。ある一定期間,共存している時間があるからである。

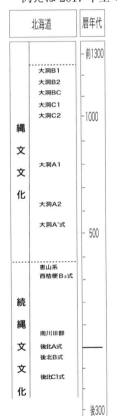

しかも相対年代は基本的に存続期間を知ることができないため,すべて同じ存続期間を前提とした議論が行われている。例えば弥生土器一型式は,弥生短期編年の場合,30〜50年の存続期間を仮定していた。したがって,一型式内に属する住居の数や墓地の数は,どの土器型式でもすべて同じ存続期間の間に造られた数と理解してきたのである。

一方,数値年代は炭素14年代測定をもとに算出した較正暦年代で表すので,一型式が何年から何年までの約何年間存続したかがわかる。当然,型式ごとに存続期間が異なるため,30年続く型式もあれば,170年続く型式もある。図1の九州北部のところをみれば,板付Ⅱa式と板付Ⅱb式の存続期間は他の型式に比べるとはるかに長いことがわかる。

例えば,明治,大正,昭和,平成は相対年代だが,これに1868〜1904年,1904〜1926年,1926〜1989年,1989〜2019年という開始年代と終了年代,そして,45年,15年,63年,31年という存続期間がわかれば,数

3 歴史になった弥生時代　177

値年代になる。

先史考古学は土器型式という相対年代を基準に議論をしているから,すべての土器型式の存続期間がわかれば,弥生時代は暦年代で記述できる歴史になるのである。その例を人口シミュレーションでみてみよう。

人口シミュレーション

一般に採集狩猟民よりも農耕民の人口増加率は高いといわれている。九州北部では弥生前期後半か

図2 三国丘陵の位置(片岡2003)

ら前期末にかけて遺跡が急増することから,人口が急激に増加した証拠と考えられてきた。それを証明する場として選ばれたのが,福岡県小郡市の三国丘陵である。

筑前,筑後,肥前という3つの旧国が接するところにあるので三国丘陵と呼ばれているが,正式な地名ではなく通称である。1970年代になると政令指定都市を目指していた福岡市のベットタウンとして,丘陵を南北につらぬく西日本鉄道沿線に,数多くの住宅団地が造られ,その事前調査で発掘調査が盛んに行われるようになり,まさに弥生銀座と呼ばれるほど集落遺跡や墓地遺跡が見つかったのである。

片岡宏二と飯塚宏は,三国丘陵で見つかった型式ごとの住居の数を基準に人口を計算し,その時間的推移から人口増加率を導き出した。前提は,すべての土器型式の存続幅は同じであるという均等幅にたつ。ただ一型式の存続期間を30年とした短期編年と,100年とした長期編年に分けて算出したところ,当然ながら100年とした方が増加率は低くなることを示した。つまり,紀元前10世紀に水田稲作を始めると,それほど急激な増加率を示さなくても,人口は増えていくことを明らかにしたのである。

筆者は,すべての土器型式の存続期間は不均等であるという前提に基づき,

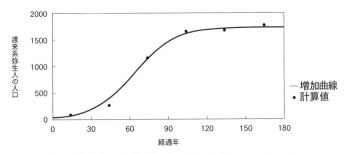

図3 弥生短期編年・均等幅による人口シミュレーション

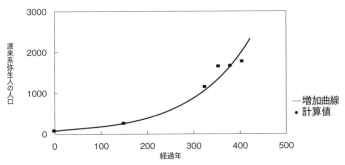

図4 弥生長期編年・不均等幅による人口シミュレーション

 弥生長期編年の立場で，短期編年の均等幅と長期編年の不均等幅で飯塚にシミュレーションをお願いした。その結果が，図3・4である。
 均等幅は30年，不均等幅は，板付Ⅱa式（前期中ごろ）150年，板付Ⅱb式（前期後半）170年，板付Ⅱc式（前期末）30年，城ノ越古式（中期初頭古）25年，城ノ越新式（中期初頭新）25年である。
 各時期の住居の数は，順に，14，52，76，77，79軒である。グラフは1つの住居に5人住んでいたと仮定した数字を時期ごとに落としたものである。均等幅では板付Ⅱb式段階に急激に増加したことがわかる。しかし不均等幅では，板付Ⅱb式の存続期間170年で52軒であるのに対し，板付Ⅱc式の存続期間は30年しかないのに76軒である。したがって，存続期間が6分の1しかないにもかかわらず，板付Ⅱb式（前期後半）よりも2軒も多い板付Ⅱc式（前期末）の方が，増加率が高いことがわかる。
 これは数値年代でシミュレーションすることによって初めてわかることであ

る。

　これまで私たちは，同じ型式に属する土器が見つかった住居は，全部同時に建っていたという，同時併存説に基づいて集落模型を作ってきたが，時期によっては，100年以上の存続期間の間に建っていた建物数の累積結果を，当時のむらの姿として展示していた可能性がある。150年といえば，明治維新から150年たった2018年までの時間に相当する。150年の間に建っていた建物をすべて並べて，ある一時期のむらの姿と認識していたことが間違いであることがわかるのである。

墓地にみる親族関係
　次に墓地遺跡の解釈に数値年代でのぞめばどのような可能性が出てくるのかをみてみよう。九州北部には棺専用に作られた大形の甕(かめ)がある。とくに器高70 cmを超える甕は成人用甕棺と呼ばれ，渡来系弥生人が葬られた墓として有名である。甕棺は土器なので型式学の対象となり，甕棺型式がいくつも設定されており，なかでも中期前葉に位置づけられる汲田(くんでん)式という甕棺は，弥生時代に最も多く見つかっている甕棺の1つである。

　短期編年のもとでは，30年と考えられていた汲田式の存続期間は，長期編年のもとでは，100年近い存続期間をもつことが明らかになっている。したがって，同じ汲田式の甕棺に埋葬されていたといっても，そう簡単に同時期に埋葬されたとはいえなくなっているため，最終的には葬られた時期を人骨の炭素14年代で決める必要がある。そして時期が決まれば同時に当時の親族関係の見直しが可能となるのである。

　図5は，佐賀県神埼(かんざき)市朝日北遺跡で見つかった汲田式新〜須玖(すぐ)式古に属する甕棺である。それぞれの甕棺には，熟年の男性と女性の骨が葬られていた。さて皆さんは，この2人，どういう関係にあったと思われるだろうか。ほぼ同時期に葬られたと考えられる短期編年に基づけば，血縁関係にあれば兄妹（姉弟）などが考えられ，血縁関係になければ2人は年の近い夫婦と考える方が多いと思う。

　しかし，汲田式が100年以上の存続期間をもつとなると話が変わってくる。この2つの甕棺に関しては汲田式でも新しい汲田式新に比定されているので，

図5 佐賀県朝日北遺跡出土甕棺墓（前3世紀，佐賀県教育委員会提供）

汲田式の存続期間である100年の幅の中でとらえる必要はないが，正確には骨の炭素14年代を測定しない限り，2人が存続期間内のどの時点で亡くなったのかを知ることはできない。極端な話，何十年も前に死んだ人と並んで葬られた可能性も出てくるのである。

こうなると，DNA解析の結果，親族関係にあるとは認められなかった場合，年の離れた夫婦（？）など，いろいろな可能性が出てくる。DNA解析の結果，親族関係にあると認められた場合は，年の離れたいろいろな親族関係が想定されることになる。

墓地遺跡の解釈においても数値年代になるとこのようないろいろな解釈が可能となり，ひいては，当時の親族関係まで再検討を余儀なくされる可能性がある。

相対年代の重要性

これまで数値年代に変わると弥生時代観にどのような解釈変更が起こるのか，集落と墓地を例に述べてきた。これまで知りえなかったいろいろなことが明かになることがわかった。しかしだからといって相対年代の重要性がなくなるわけではない。土器型式を単位とする時間的・空間的広がりは，文化を考え

3 歴史になった弥生時代　181

る際，今なお有効だからである。

　したがって，相対年代に数値年代をあてはめることが，今後，最も重要な作業となる。現在，九州北部の弥生早期から中期末までの土器型式には数値年代をほぼ与えているので，あとは後期初頭以降になろうか。

　理想的には一型式あたり20点の炭素14年代を得ることができれば，型式間境界を統計的に求めることにより，数値年代を与えることができる。

参考文献
片岡宏二 2003「三国丘陵における農耕文化の開始と定着に関わる諸問題」『三沢北中尾遺跡』（小郡市文化財調査報告書第185集）
片岡宏二・飯塚宏 2006「数理的方法を用いた渡来系弥生人の人口増加に関する考古学的研究―弥生時代前期〜中期における三国丘陵をモデルとして―」『九州考古学』81
佐賀県教育委員会編 1992『朝日北遺跡』（九州横断自動車道関係埋蔵文化財発掘調査報告書15）

　　　　　　　　　　　　　　　　　　　　　　　　（藤尾慎一郎）

4 考古学からみた日朝関係史

帯金具が語る4〜5世紀の日朝関係

　古墳時代と同じころ，朝鮮半島では高句麗，新羅，百済，加耶などの社会が割拠していた。日本列島の古墳には，このような社会と倭の政治経済的な関係をうかがわせるものが，よく副葬される。その代表的な事例の1つに，金銅で装飾された装身具がある。朝鮮半島からの移入品や，それを模倣して日本列島で製作されたものである。

　ここでは，考古学的な方法で当時の関係史を復元するケーススタディーの1つを紹介したい。その目的は，4〜5世紀前半における金官加耶や新羅と倭の関係を示す帯金具——晋式帯金具，龍文透彫帯金具——を対象として，それらを取り巻く当時の日朝関係の一端を浮き彫りにすることである。

4世紀の倭と金官加耶の交渉

　4世紀に倭との交渉を重ねた「金官加耶」は，一言で説明すれば，朝鮮半島東南部の各地域が相互に連携していた社会であり，その中心が金海地域に位置した金官国であった。

　現在の金海地域には広大な平野が広がり，金海国際空港が位置するところとしてもよく知られる。しかし，かつてその一帯は「古金海湾」と呼ばれる湾であった。その沿岸に古墳群や，鉄・鉄器生産の関連遺跡，港関連遺跡，そして山城などが点在しており，遅くとも4世紀以降，古金海湾一帯では鉄生産と海上交易が一体として運営されていた。そして，古金海湾沿岸のほぼ中央には，王宮と推定される鳳凰台遺跡や最上位集団の墓域たる大成洞古墳群が位置する。

　弥生時代後半期以降，朝鮮半島と倭の交渉は，金海—壱岐・対馬—博多湾沿

岸という幹線的なルートによって行われてきた。弥生時代の終末期になると，福岡県西新町遺跡という国際的な交易港が博多湾に形成される。大規模な集落からは，朝鮮半島系の土器や列島の他地域の土器が多く出土しており，各地の人々が朝鮮半島に由来する文物などを入手するような活動が行われていた。

しかしながら，この西新町遺跡は4世紀後半には衰退し，交渉の形が大きな変動を迎える。

それを示すのが玄界灘に浮かぶ孤島の沖ノ島である（古代・特集①沖ノ島参照）。遅くとも4世紀後半には本格的に海上交通に関わる祭祀場として機能する。代表例が沖ノ島17号祭祀遺跡で，巨岩上において祭祀が行われ，祭祀具として玉類，石製の腕飾り，そして三角縁神獣鏡など各種の鏡が用いられた。これは畿内の有力な古墳の副葬品と共通する品々である。

沖ノ島は地理的には博多湾を経由せずに畿内地域と金官加耶圏を結ぶ経路上に位置する。よって，金官加耶との直接的な交渉をめざした倭王権によって海上交通の祭祀場として重視された可能性が高い。

このような想定を傍証するように，4世紀に入ると，金官加耶圏の最上位集団の墓域たる金海大成洞古墳群を中心に，新たな倭系器物が副葬されるようになる。それは，盾や矢を収納する靫に飾りとして取りつけられた巴形銅器や，鏃・紡錘車・筒などを模した碧玉（緑色凝灰岩）製品である。

このような品々は，その授受や保有に政治的な意味合いが含まれた器物（威信財）としての性格が強い。おそらく，それらの器物には金官加耶との直接的な交渉をもくろむ倭王権の意図が反映されており，それが大成洞古墳群という金官加耶の最上位集団の墳墓において副葬されたということは，金官加耶の側も倭王権の意向をある程度受け入れていたと考えられる。

晋式帯金具にみる倭と金官加耶

そしてもう1つ，当時の金官加耶と倭の交渉を考える上で，重要な資料がある。それは「晋式帯金具」と呼ばれる金銅製品である（図1・2）。帯金具とは，腰に巻く帯の一端に取りつけられる帯先金具や鉈尾ともう一端のバックルにあたる鉸具，その間で帯を飾る銙などの部品から構成される。その中に，帯先金具と鉸具に精緻な龍文を，銙には4単位の三葉文をそれぞれ透彫で表現

図1　晋式帯金具（兵庫県行者塚古墳，加古川市教育委員会所蔵）

図2　晋式帯金具（金海大成洞88号墳，大成洞古墳博物館所蔵）

し，鍍金(ときん)し，細部を蹴彫(けりぼり)で仕上げた精緻な一群がある。これまでの研究で中国の西晋から東晋のころに製作されたと想定されている。これが晋式帯金具である。その分布は，中国東北部や朝鮮半島，そして日本列島にも点的に広がる。

　ここで問題となるのは，日本列島の事例がどのような歴史的背景の中で倭へ移入されたのか，という点である。この問題を考える時に，兵庫県行者塚(ぎょうじゃづか)古墳で晋式帯金具が出土した状況が重要である。行者塚古墳は墳丘の長さが約99mの前方後円墳で，4世紀後半から5世紀初めに築かれた。その発掘調査によって，埋葬施設とは別に副葬品を納めるための箱が確認され，その中から，馬具や鉄斧(てつぷ)などとともに，晋式帯金具が出土した。

　注目できるのは，この馬具と鉄斧である。まず，鉄斧は鋳型(いがた)に溶かした鉄を流しこんでつくる先端技術によるもの（鋳造(ちゅうぞう)）で，朝鮮半島からもちこまれた

と考えてよい。金官加耶でも多く出土する。また馬具は日本列島で最初期のもので，朝鮮半島からもたらされたか，渡来人によって倭でつくられた可能性が高い。これと同じような馬具は金官加耶で出土している。それらと晋式帯金具が一緒に副葬されているということは，鉄斧や馬具（をつくった人）と一緒に，金官加耶から晋式帯金具が倭へもちこまれたと考えるのが自然だろう。

ただしこの考え方には弱点があった。それは金官加耶で晋式帯金具が出土していなかったことである。それが，最近の発掘調査によって，王族の墓（大成洞70，88号墳）から実際に晋式帯金具が出土した。さらに，別の墓（91号墳）では中国東北部（三燕）の馬具が出土し，金官加耶が中国系の品々を輸入していたことが確実となった。

したがって，倭の晋式帯金具は，晋や三燕から直接贈られたというよりも，中国の品々を輸入していた金官加耶との交渉の中で贈られたのだろう。

5世紀前半の新羅と倭の交渉

4世紀後葉から5世紀前半にかけて，倭の対朝鮮半島交渉は多極化していく。古代史学の研究を参考にすれば，例えば百済との正式な通交が開始されたことが，『日本書紀』神功46年3月条などに記されている。その百済と倭のいわゆる王権間の通交に際しては，金官加耶を構成する国の1つである卓淳国（現在の昌原・馬山地域付近か）の仲介があったとされており，百済―金官加耶―倭の関係が樹立されたと評価されている。

一方で新羅も，考古学的にみると，4世紀中葉以降には倭とのつながりを有していた。例えば，慶州月城路古墳群では，土師器系土器や腕輪形の碧玉製品などが副葬されている。腕輪形石製品は，当時の倭において倭王権を中心にやりとりされた威信財の1つであり，それが新羅の王都たる慶州で出土したことの意義は大きい。

そして5世紀前半になると，新羅と倭は活発な交渉を重ねるようになる。当時の新羅は，高句麗への従属の度合いを深めていき，4世紀末〜5世紀前葉にかけて高句麗へ「質」を派遣している。その一方で，新羅は倭に対しても王子の未斯欣を「質」として派遣している。このことは新羅のしたたかな外交を反映している。

近年の考古学的な研究では，倭における金工技術の導入と定着に，新羅も重要な役割を果たしたことが明らかになりつつある。倭の装身具，金銅装冑，初期の馬具，装飾大刀には，新羅に系譜をもとめられるものや新羅からの渡来人によって製作されたものが含まれている。したがって，5世紀前半における新羅と倭の交渉は，「質」の派遣という限定なものだけではなく，さまざまな器物や工人の贈与・派遣も含めたものであったと考えられる。

龍文透彫帯金具にみる倭と新羅

　このような状況を象徴的に示す資料の1つが龍文透彫帯金具である（図3）。龍文透彫帯金具は大半が金銅製で，龍文を透彫や蹴彫で表現した文様を有する。中国東北部～朝鮮半島北部（三燕圏，高句麗圏），朝鮮半島の洛東江以東地域（新羅圏），中西部・南西部（百済圏）などで出土する。日本列島では北部九州地域と畿内地域において出土例がある。

　特に，日朝両地域で出土する龍文透彫帯金具については，龍文様のモチーフや製作技術などからみて，同一の技術伝統の中で製作された金工品の一群と判断できる。特に透彫された龍文様が徐々に退化していく傾向が共通し，それに合わせて諸々の属性も変化している（図4）。よって，日本列島への導入（製作工人の渡来，製品の搬入）については，継続的な朝鮮半島との交渉関係が必要であったことがうかがえる。

　朝鮮半島における龍文透彫帯金具の分布において重要な点は，江陵―慶州―慶山と朝鮮半島の東海岸に沿うような形で分布している点である。この東海岸ルートは，当時新羅と高句麗を結ぶ主要な交渉ルートであった。高句麗圏，そして三燕圏においても龍文透彫製品が確認されている状況を重視すれば，その系

図3　龍文透彫帯金具
左：大阪府七観古墳（京都大学総合博物館所蔵），右：慶山林堂洞7B号墳（嶺南大学校博物館所蔵）

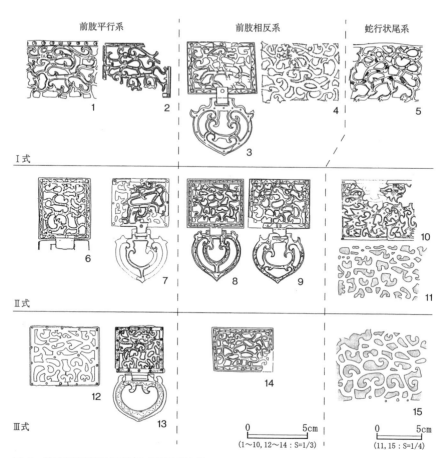

図4　龍文透彫製品の編年（高田 2014）
1：伝誉田丸山古墳1号鞍（後輪）　2：五条猫塚古墳　3：江陵草堂洞 A-1 号墓　4：新沢千塚 126 号墳　5：伝誉田丸山古墳2号鞍（前輪）　6：新開1号墳南遺構　7：月岡古墳　8：七観古墳　9：慶山林堂洞 7B 号墳主槨　10：集安太王陵　11：伝高霊出土品　12・13　慶州皇南大塚南墳　14：菊隠コレクション　15：集安万宝汀 75 号墓

譜は三燕・高句麗―新羅―倭という関係の中で把握できる。そして，新羅圏では，王陵級の古墳（慶州皇南大塚南墳_{ファンナムテチョン}），新羅の有力な地域社会の首長墳（慶山林堂洞 7B 号墳_{イムダンドン}，江陵草堂洞 A-1 号墳_{チョダンドン}）などで出土している。よって，この帯金具は洛東江以東地域において社会統合を推し進める新羅中央によって諸地域へ配布された装身具の1つであった可能性は高い。

　したがって，その政治性に注目すれば，日本列島出土の龍文透彫製品は，新

羅中央のまた別の政治的意図,すなわち対倭交渉意図が内包されていた威信財として把握できる。その背後に,上述したような新羅と倭の活発な交渉を想定できそうである。

考古資料を通した日朝関係史研究

　以上,倭の古墳に副葬された晋式帯金具と龍文透彫帯金具を取り上げながら,4～5世紀前半の金官加耶や新羅と倭の交渉について検討した。近年の古墳時代における日朝関係史の特徴は,その関係を示す外来系の考古資料のていねいな観察と調査から,王権や地域社会,集団における錯綜して多元的な交渉のあり方を復元している点にある。これがそのケーススタディーとなっていれば,と願う。

参考文献

加古川市教育委員会 1997『行者塚古墳発掘調査概報』
久住猛雄 2007「『博多湾貿易』の成立と解体」『考古学研究』53-4
大成洞古墳博物館 2015『金海大成洞古墳群─85号墳～91号墳─』
高田貫太 2014『古墳時代の日朝関係─百済・新羅・大加耶と倭の交渉史─』吉川弘文館
高田貫太 2017『海の向こうから見た倭国』講談社現代新書
田中俊明 2013「朝鮮三国の国家形成と倭」『岩波講座日本歴史第1巻　原始・古代1』岩波書店
仁藤敦史 2004「文献よりみた古代の日朝関係─質・婚姻・進調─」『国立歴史民俗博物館研究報告』110
朴天秀 2007『新たに叙述する古代韓日交渉史』社会評論（韓国）

　　　　　　　　　　　　　　　　　　　　　　　　　　（高田　貫太）

編者・執筆者紹介 (五十音順，＊は編者)

上野 祥史 (うえの　よしふみ)
1974 年生まれ／国立歴史民俗博物館　准教授
主要著書：『祇園大塚山古墳と 5 世紀という時代』(編著)，六一書房，2013 年
　　　　　『国立歴史民俗博物館研究報告 211　古代東アジアにおける倭世界の実態』(編著)，国立歴史民俗博物館，2018 年
執筆分担：Ⅳ

小倉 慈司 (おぐら　しげじ)
1967 年生まれ／国立歴史民俗博物館　准教授
主要著書：『天皇の歴史 9　天皇と宗教』(共著)，講談社学術文庫，2018 年
　　　　　『古代東アジアと文字文化』(共編)，同成社，2016 年
執筆分担：Ⅵ-7

工藤雄一郎 (くどう　ゆういちろう)
1976 年生まれ／学習院女子大学　国際文化交流学部　准教授
主要著書：『旧石器・縄文時代の環境文化史―高精度放射性炭素年代測定と考古学―』新泉社，2012 年
　　　　　『ここまでわかった！　縄文人の植物利用』(共編)，新泉社，2014 年
執筆分担：Ⅰ-1～3，Ⅱ-1

齋藤 努 (さいとう　つとむ)
1961 年生まれ／国立歴史民俗博物館　教授
主要著書・論文：『金属が語る日本史―銭貨・日本刀・鉄炮―』吉川弘文館，2012 年
　　　　　「日韓の青銅器と原料の産地推定」齋藤努編『国立歴史民俗博物館叢書 3　青銅器の考古学と自然科学』朝倉書店，2018 年
執筆分担：Ⅶ-2

坂本　稔（さかもと　みのる）

1965 年生まれ／国立歴史民俗博物館　教授

主要著書・論文：『築何年？　炭素で調べる古建築の年代研究』（共編），吉川弘文館，2015 年

Minoru Sakamoto, Masataka Hakozaki, Nanae Nakao, Takeshi Nakatsuka：「FINE STRUCTURE AND REPRODUCIBILITY OF RADIOCARBON AGES OF MIDDLE TO EARLY MODERN JAPANESE TREE RINGS」『Radiocarbon』59 巻 6 号，pp.1907-1917，2017 年

執筆分担：Ⅶ-1

高田貫太（たかた　かんた）

1975 年生まれ／国立歴史民俗博物館　教授

主要著書：『古墳時代の日朝関係─百済・新羅・大加耶と倭の交渉史─』吉川弘文館，2014 年

『海の向こうから見た倭国』講談社，2017 年

執筆分担：Ⅵ-4，Ⅶ-4

仁藤敦史（にとう　あつし）

1960 年生まれ／国立歴史民俗博物館　教授

主要著書：『古代王権と都城』吉川弘文館，1998 年

『古代王権と支配構造』吉川弘文館，2012 年

執筆分担：Ⅵ-5

林部　均（はやしべ　ひとし）

1960 年生まれ／国立歴史民俗博物館　教授・副館長

主要著書：『古代宮都形成過程の研究』青木書店，2003 年

『飛鳥の宮と藤原京─よみがえる古代王宮─』吉川弘文館，2008 年

執筆分担：Ⅵ-1〜3

＊藤尾慎一郎（ふじお　しんいちろう）

1959 年生まれ／国立歴史民俗博物館　教授

主要著書：『弥生文化像の新構築』吉川弘文館，2013年
　　　　　『弥生時代の歴史』講談社，2015年
執筆分担：I-コラム①・②，Ⅲ-1〜5・コラム②，V-4，Ⅶ-3

＊松木 武彦（まつぎ　たけひこ）

1961年生まれ／国立歴史民俗博物館　教授
主要著書：『全集日本の歴史1　列島創世記』小学館，2007年
　　　　　『古墳とはなにか――認知考古学からみる古代――』角川学芸出版，2011年
執筆分担：V-1〜3

三上 喜孝（みかみ　よしたか）

1969年生まれ／国立歴史民俗博物館　教授
主要著書：『日本古代の貨幣と社会』吉川弘文館，2005年
　　　　　『日本古代の文字と地方社会』吉川弘文館，2013年
執筆分担：Ⅵ-6

村木 二郎（むらき　じろう）

1971年生まれ／国立歴史民俗博物館　准教授
主要著書：『時代を作った技――中世の生産革命――』（編著），国立歴史民俗博物館，2013年
　　　　　『国立歴史民俗博物館研究報告210　中世の技術と職人に関する総合的研究』（編著），国立歴史民俗博物館，2018年
執筆分担：Ⅵ-8

山田 康弘（やまだ　やすひろ）

1967年生まれ／国立歴史民俗博物館　教授
主要著書：『老人と子どもの考古学』吉川弘文館，2014年
　　　　　『つくられた縄文時代――日本文化の原像を探る――』新潮社，2015年
執筆分担：II-2〜7・コラム①・コラム②，Ⅲ-コラム①

ここが変わる！　日本の考古学
――先史・古代史研究の最前線――

2019 年（平成 31）3 月 1 日　第 1 刷発行
2021 年（令和 3）4 月 1 日　第 4 刷発行

編　者　藤尾慎一郎
　　　　松木武彦

発行者　吉川道郎

発行所　株式会社 吉川弘文館
〒113-0033 東京都文京区本郷 7 丁目 2 番 8 号
電話 03-3813-9151〈代〉
振替口座 00100-5-244
http://www.yoshikawa-k.co.jp/

印刷＝株式会社 三秀舎
製本＝ナショナル製本協同組合
装幀＝石澤康之

© Shin'ichirō Fujio, Takehiko Matsugi 2019.
Printed in Japan
ISBN 978-4-642-08342-3

|JCOPY|〈出版者著作権管理機構　委託出版物〉
本書の無断複写は著作権法上での例外を除き禁じられています．複写される
場合は，そのつど事前に，出版者著作権管理機構（電話 03-5244-5088，
FAX 03-5244-5089，e-mail : info@jcopy.or.jp）の許諾を得てください．

縄文時代
その枠組・文化・社会をどう捉えるか？
（歴博フォーラム）

山田康弘・国立歴史民俗博物館編

今日、考古学のみならず年代学や動植物学・人類学などの研究成果により、縄文の時代像が多様になってきている。縄文文化の範囲や地域性、社会の複雑化など、気鋭の研究者たちが論じ、縄文時代研究の到達点を示す。

四六判・240頁／2,700円

〈新〉弥生時代
500年早かった水田稲作
（歴史文化ライブラリー）

藤尾慎一郎著

「炭素14年代測定法」の衝撃が、これまでの弥生文化像を覆しつつある。東アジアの国際情勢、鉄器がない当初の数百年、広まりの遅い水田稲作、村や墳墓の景観…。500年遡る〈新〉弥生時代における日本列島像を描く。

四六判・288頁／1,800円

老人と子供の考古学
（歴史文化ライブラリー）

山田康弘著

縄文時代に、尊敬すべき「老人」はいたのか。子供たちはどのような社会的位置にあったのか。豊富な人骨出土事例から、縄文社会の実態に迫る。墓制から古くより現代にまでつながる思想である縄文的死生観を考える。

四六判・272頁／1,800円

飛鳥の宮と藤原京
よみがえる古代王宮
（歴史文化ライブラリー）

林部　均著

大化改新や壬申の乱などの舞台、飛鳥にはどのような王宮や施設が造られていたのか。斉明天皇による荘厳な空間整備、天武天皇の大極殿など、新しい国づくりの過程で飛鳥がどう都市化され、藤原京に展開するのかを描く。

四六判・272頁／1,800円

吉川弘文館　　価格は税別

都はなぜ移るのか
遷都の古代史
（歴史文化ライブラリー）

仁藤敦史著

古代の都はいかに移り変わってきたのか。頻繁に遷都が行われた飛鳥・難波の宮から千年の都平安京まで、都城の役割と遷都の意味を検討。「動く都」から「動かない都」へと転換した理由を解明し、古代都市の成立に迫る。

四六判・256頁／1,800円

金属が語る日本史
銭貨・日本刀・鉄炮
（歴史文化ライブラリー）

齋藤　努著

古代よりお金・鉄炮・刀剣などの「ものづくり」をしてきた日本人。和同開珎の銅含有量や偽金との関係、鉄炮や刀剣の失われた製法など、金属の成分分析から様々な史実を解明。日本の歴史を、金属という新たな視点から見直す。

四六判・224頁／1,700円

落書きに歴史をよむ
（歴史文化ライブラリー）

三上喜孝著

今も各地の古寺に残る、参詣者や武士らの「落書き」。彼らはその文字にいかなる思いを込め、なぜそこに書き記したのか。山形県の若松寺観音堂などの「落書き」から、社会と向き合う人々の心のありようを、歴史的に考える。

四六判・240頁／1,700円

築何年？
炭素で調べる古建築の年代研究
（歴博フォーラム）

坂本　稔・中尾七重・国立歴史民俗博物館編

歴史的建造物の年代調査に、炭素14年代法が大きな成果をあげるようになった。最新の測定法の原理から、宮島や鞆の浦の町家、鑁阿寺本堂など実際の事例、年輪年代法などとの相互検証まで、年代研究の最前線へと誘う。

四六判・208頁・原色口絵4頁／2,700円

吉川弘文館　　価格は税別